Jeju Island, South Of Korea

Jeju Island, South Of Korea

濟州。私旅

제주 여행

四季彩色風景×海岸山岳壯麗×特色主題咖啡店，
體驗最當地的玩法。

「一生一次的怦然私旅 心動濟州」增訂版

增訂最新 // 濟州自由行**6**大主題玩法

/// 金兌妍——著　胡椒筒——譯

Contents

02　濟州的文化藝術　///

03　與濟州同在的建築巨匠　◈

05　當個短暫濟州人的住宿推薦

Contents

濟州將會讓你
開始懂得「旅行的意義」！

你總是毫不吝嗇地按下instagram「like」並一直夢想去旅行的人；
你享受像海報一樣的風景和漫步在美景中悠然自在的人；
即使是喝一杯咖啡也不會放棄追求味道和氛圍的人；
像手作雜誌那樣把裝飾生活變成日常裡小小樂趣的人；
比起人氣景點更喜歡尋找蘊藏著當地味道及文化的人；
比起人為打造的觀光場所更喜愛追尋自然場景的人；
你不追尋人人到此一遊的路線，只為挑戰尋找屬於自己的私房路線。

《心動濟州》正是寫給像你這樣享受生活、熱愛冒險、懂得旅行意義的人而存在的一本旅行指南。

　　開始寫這本書要追溯到2年前。當時，我正在考慮移居到濟州島的土生土長的首爾人。不管是多麼外向的人，要搬去沒有一個認識的人的濟州島，這的確是需要下很大決心。決定後第一件事情就是購買了一台單眼相機，我一心想到濟州島一邊開始寫旅行部落格一邊享受大自然。剛好，住在同一棟公寓的部落客向我傳授了訣竅，作為部落格新手的我，曾想過蒐集大量的內容後寫一本書。搬來濟州島以後，我很快地交到了很多的朋友，帶著如同我分身一樣的相機，一邊生活一邊走遍和拍下了濟州島的每一個角落。

我遇到的濟州島不是從前旅行時看到和感受到的濟州島。在來這裡生活之前，我完全不瞭解濟州島。它的魅力是超出我想像，隨著季節的變化——濟州的大海和天空、山路和雲朵，持續不斷地帶給我感動。韓國竟然也會有如此美麗的小島，這是多麼幸運的事情啊！我想讓更多的人認識美麗的濟州島。原本計劃的部落格自然而然地營運了起來，我也開始慢慢瞭解濟州島。

　　同時吸引到我的是濟州島的新文化。現在，濟州島成為了韓國最熱門的地區，也因此濟州島的文化、藝術、建築、工藝和視覺設計等領域，自然而然地受到了矚目及提升了水準。在這種文化裡生活的異鄉人兼設計師的我，很自然地被濟州島的傳統與現代結合的設計深深吸引了。可以經得起時間考驗的設計打動了我，我用相機拍下來，再分享出去。我知道看到這些的人們會喜歡，會和我一樣產生共鳴，所以我才鼓起勇氣策劃了這本書。

　　這本書是邀請了我親愛的朋友，以他介紹濟州島並一起旅行的心態來完成的。雖然本書裡沒有包含所有的觀光景點，但卻是匯集了只想介紹給朋友們好地方的一本書。

感謝給予我幫助完成這本書的人

　　感謝劉正烈作家，「Kimjakgatour(www.kimjakgatour.com)」的金英奎攝影師，Kim's Story in Jeju Island(blog/naver.com/woo4132)，Tastyjeju（www.tastyjeju.co.kr），Jejusunil（www.jeju-sunil.com），Gganddaya（gganddaya.blog.me），江善正，金南石，李智永。感謝一直以來給予我支持的媽媽、爸爸和公公、婆婆，還要感謝幫助我實現出書小心願的丈夫，最後我要把這本書作為禮物送給在濟州島一直陪伴著我的女兒Alice。

　　希望透過《心動濟州》可以結識更多和我一樣有同感的朋友們……。

作者 金兌妍

01
—
The color of Jeju

濟州的顏色

自然的濟州，時時都顯現著豐富多彩的顏色。秋季楓葉的紅色，夏季映著海水的藍色，另一個季節又會呈現金色田野的壯觀。我嘗試用相機記錄，將平時無法感受到的濟州艷麗色彩聚集於此。

BLACK JEJU

石頭文化公園

石頭文化公園
體驗濟州的歷史與文化

　　用黑色的玄武岩堆積起的濟州石牆，從上空望下去，猶如蜿蜒起伏的黑龍，因此被稱作是「黑龍萬里」。據說濟州島的石牆總長為36,355km，實際上早已超出了萬里（順便提一下，圍繞地球一周約40,000km）。在濟州島如果不參觀石牆，就等於是錯失了濟州島的過去一樣，石牆更可以說是濟州島的代表。奇妙的是，那黑色與濟州的自然也相符相襯。

　　在石頭文化公園可以瞭解「石頭」在濟州人的生活裡存在的意義，並回溯那個時代的潮流，觀察出它的文化價值。在這裡，展示了從史前到現代的支石墓、多爾哈魯邦、定住石、墓石、碑石、童子石、傳統村落和表現神話色彩的五百將軍群像等。百萬坪大地上，構建起具有雄壯氣息的石頭文化公園，在這裡我可以逛上兩個小時以上，自然而然地會對濟州的歷史和石頭文化有所瞭解。即使不是為了看展覽，只為感受自然風光，這裡一樣舒服放鬆。

　　近距離觀察石牆會看出它非常的不規則。石頭上到處都是洞，而且質地粗糙，這也是石牆的魅力所在。但遠處觀望時，石牆卻又很有規則，且具有柔和曲線的美感。正因如此，石牆不僅其本身帶有自然美，而且遠近距離的不同，呈現出的美感更是無法用言語表達。

濟州島第一次出現石牆，是當地居民為了在房屋的四周圍起居住的空間，為了放牧的馬和牛以及保護墳墓，嚴格劃分土地、避免紛爭。石牆有擋風的作用，因為石頭上的洞可以減弱風力。根據石牆的用途不同，名字也非常多樣。如果是在家門前的叫做「家石」，如果是在田地的就叫「田石」，墳墓四周的就要「墓石」，海邊的就叫「垣石」，建在村子的被稱作「偶來」。從家門口開始一直到田地、田野、山丘和海邊，濟州島處處保存了古老傳統和濟州人生活裡的點滴，因此造就了今日美麗且富有價值的文化遺產。

　　墳墓四周圍起來的石牆墓石是只有在濟州島才可以看到的景致。墓石主要集中在山丘四周，與地形相融成了景觀的一部分。正因如此，這裡的墓地給人的感覺與眾不同，沒有荒涼之感，反倒覺得溫暖。山丘就像是媽媽懷抱一樣充滿柔和曲線美，在它之下用粗糙石頭堆建起的，具有男性美的墓石牆，即形成了有趣的對照，卻也感到十分和諧。墓石牆旁邊的童子石是守衛墳墓，以撫慰亡者靈魂。童子石代表了本人的一生或是對子孫寄託的期望，利用粗糙的玄武岩做出的童子石，很難表現出雕刻細節，但正是那種粗糙形成了自然的童子石魅力。

　　石頭文化公園是新手旅人第一次到濟州旅行，可以對濟州島和濟州的石頭文化深入瞭解的地方。從石頭文化公園出來可以看到五百將軍群像，呈現了讓人望而卻步的規模。此時若有雲層襯托，便會營造出有如天上世界的光景，為濟州神話中的五百將軍襯托出鮮活的背景。石頭文化公園，四季當中要屬豐收時節的秋天或是蓋滿積雪的冬天最具韻致。

地點　2023 교래자연휴양림 濟州市朝天邑南朝路2023號橋
來自然修養林
開放時間　09：00～18：00（售票截至17：00）
　　　　　　每月最後一個星期三免費入場 / 每月第一個星期一休園
入場費　成人5,000w / 青少年、軍警3,500w / 未滿12歲，滿65歲以上遊客免費入場。
電話　064-710-7731
URL　www.jejustonepark.com
附近觀光景點　에코랜드生態樂園，교래자연휴양림橋來自然修養林，노루생태관찰원獐鹿生態觀察園，사려니숲길思連伊林蔭路，절물자연휴양림寺泉自然修養林
附近美食餐廳　낭뜰에쉼팡林中休息站（生菜包飯，醬味拉麵），교래손칼국수橋來刀切麵，길섶나그네路邊過客（蔬菜包飯定食），성미가든城美花園（雞肉火鍋），뜰향기庭院香氣（蔬菜包飯定食）
附近咖啡廳　라포레사려니 La Foret SaRyeoni，구름언덕雲丘，다희연 동굴카페茶喜然洞窟咖啡廳

充滿神話色彩的雪門台婆婆

傳說雪門台婆婆跨坐在漢拏山白鹿潭，左腿可以伸到濟州市前海的冠脫島，右腿可以踩在西歸浦前海的地歸島，可以用牛島當洗衣石的體形龐大的巨人婆婆。不僅如此，還傳說她在玩泥土時堆出了漢拏山，手指間流出的沙粒形成了350餘個山岳。

靈室奇巖流傳下來的五百將軍神話也在此登場。傳說雪門台婆婆有五百個兒子，某一天，婆婆的兒子們都出門狩獵了，婆婆在家為兒子們煮粥，她一不小心失足掉進了鍋中。回到家中的兒子們，沒有察覺到，因為肚子餓大家便開始吃起粥來。當最小的兒子盛粥的時候才發現了死去的媽媽。就這樣，五百個兒子憂傷痛悔變成了岩石，成為了靈室的五百石像。

體驗採橘樂趣，
柑橘體驗農場

　　濟州島冬天的顏色是暖的，因為樹枝上沉甸甸地掛著橘黃色的橘子，冬天的寒風把大地都凍住了，但沿路的柑橘園裡熟透的柑橘卻能把寒意抹去。到當地大家都會吃濟州的柑橘，品嚐親手從柑橘樹上採摘下來的橘子，不論對大人還是小朋友都是特別的經驗。如果冬天來濟州島玩，推薦大家一定要體驗一次「採橘趣」。

．．

體驗時間　9～12月
體驗費　1人5,000w（未滿7歲免費）
／곱은달감귤체험농장 靚月柑橘體驗農場　**地址** 서귀포시 남원읍 남원리 1120-1 西歸浦市南元邑南元里 1120-1號 **電話** 010-2246-4151
／최남단체험감귤농장 崔南端柑橘體驗農場　**地址** 서귀포시 남원읍 남원리 2019 西歸浦市南元邑南元里 2019號 **電話** 064-764-7759
／제주 넘버원농장 Jeju No.1農場　**地址** 서귀포시 천제연로 316 西歸浦市天帝淵路316號 **電話** 064-739-8584

覆蓋海洋牧場的橘皮地毯，
新川海洋牧場

　　冬天直至初春，濟州的新川海洋牧場都會鋪上橘黃色的地毯。從春天開始一直到秋天會在這裡放牛；到了冬天會曬橘子皮用作韓藥材或是橘皮茶。越靠近這些鋪開的橘皮，越是可以聞到隨風飄來的清新柑橘香。並不是在冬季就會經常看到橘皮地毯，曬橘皮需要一定的過程，所以只有在風和日麗的晴天才能看到此光景。如果運氣好可以親眼見到曬橘子皮的獨特風景，一定會感到十分震撼。這裡是我一定會推薦給冬季來濟州島玩的朋友必要踩點。

地點　제주 서귀포시 성산읍 신풍리 濟州西歸浦市城山邑新豐里
附近觀光景點　성산일출봉城山日出峰，우도牛島，섭지코지涉地可支，아쿠아플라넷Aqua Planet水族館，지니어스로사이Genius Loci
附近美食餐廳　윌라라(피쉬앤칩스)Willala(Fish&Chips)，새벽숯불가든黎明炭烤花園（豬肉），맛나식당好食堂（醬煮青花魚），남양수산南洋水產（島民生魚片店），가시아방加西亞房（肉燥麵條，濟州島黑豬肉），고성장터국밥固城市集湯飯（血腸湯飯），옛날옛적古日古昔（濟州島黑豬肉）
附近咖啡廳　코지카페Cozy Café，성산읍코지리城山邑可支里，카페배알로Café Beallo

YELLOW JEJU

涉地可支，牛島，中文區月光步道，山房山

從海岸美景到油菜花，**涉地可支**

　　能夠象徵春天的濟州島，絕對是油菜花了。涉地可支是濟州島上最早可以看到油菜花的地方，從2月初開始油菜花便盛開，直到4月末有很長時間可以欣賞到。從涉地可支的停車場一直到燈塔，一路上的海岸美景，可以說是一年四季萬中選一的觀光景點。從低角度往上拍，能夠拍到以大海和燈塔為背景的油菜花田，真的不虛此行。附近的城山浦JC公園周圍，也有私人栽種的油菜花栽培園區（入場費1000w）。雖然是收費的，但裡面設有映像特區，油菜花佈置的既美麗又豐富。

· ·

地點　제주특별자치도 서귀포시 성산읍 섭지코지로 261 濟州特別自治道西歸浦市城山邑涉地可支路 261號

營業時間　全年無休

入場費　免費（停車費2000w）

電話　064-782-0080

附近觀光景點　성산일출봉 城山日出峰，우도牛島，섭지코지 涉地可支，아쿠아플라넷 Aqua Planet水族館，지니어스로사이 Genius Loci

附近美食餐廳　윌라라 Willala(Fish&Chips)，새벽숯불가든黎明炭烤花園（豬肉），맛나식당好食食堂（醬煮青花魚），남양수산南洋水產（島民生魚片店），가시아방加西亞房（肉燥麵條，濟州島黑豬肉），고성장터국밥固城市集湯飯（血腸湯飯），옛날옛적古日古昔（濟州島黑豬肉），섭지해녀의 涉地海女之家（海藻粥），오조해녀의집吾照海女之家（鮑魚粥），진미식당真味食堂（醬煮青花魚），복자씨연탄구이福子氏炭烤店（烤肉）

附近咖啡廳　코지카페Cozy Café，성산읍코지리城山邑可支里，카페배알로Café Beallo

與牛島石牆相稱的

黃色和綠色的鄉村情趣

春天的時候，開在鄉村路間的油菜花讓牛島更顯艷麗。如果想要真正地體驗牛島的春天，比起到觀光景點，我更推薦在村子裡散步，或是騎腳踏車。茂盛的油菜花與綠色的青麥、青蔥和石牆相互襯托，可以真正地感受到濟州鄉村的情趣。每年4月可以在牛島參加油菜花慶典和海螺節，計劃旅行的時候可以提早查詢。

船班 牛島發 06：30～17：00，城山發 08：00～17：00 / 一日10次以上班次，旺季增加班次及根據季節變化會調整時間
費用 成人往返5,500w/ 國小生2,200w / 小型車輛21,600w / 中小型車輛26,000w
電話 064-782-5671
URL http://www.udoship.com
牛島觀光景點 西濱白沙海邊，우도봉 牛島峰，검멀레해변 黑沙海邊，하고수동해변 夏高水東海邊
附近美食餐廳 風園（辣炒豬肉，漢挐山炒飯），섬소나이Seomsonai（fusion炒碼麵），해광식당海光食堂（海螺刀切麵），하하호호HahaHoho（手作黑豬頭漢堡，牛島花生漢堡），키다리아저씨長腿大叔（炸豬排，白炒碼麵）
附近咖啡廳 Hello u-do，노닐다 Nonilda，블랑로쉐 Blanc Rocher，주카 Juka

奇幻的自然威嚴，
山房山

　　龍頭海岸是濟州島不論任何季節都值得去的觀光景點之一。四季中的春天，來到龍頭海岸會意外的看到一整片的油菜花海。龍頭海岸有高高豎立起的山房山，每年春天山腳下的田野便會開滿整遍的油菜花。高高豎起的山房窟寺，遠處可見的漢拏山山峰，初見龍頭海岸時會讓人聯想到美國大峽谷，在它的下面是寬廣的油菜花田。沙溪兄弟海岸路是絕佳的兜風路線，一直到松岳山的這條環狀路線，可以說是濟州島最佳環島路線之一。

地點　제주특별자치도 서귀포시 안덕면 濟州特別自治道西歸浦市安德面

入場費　成人1,000w，兒童500w

附近觀光景點　송악산 松岳山，용머리해안 龍頭海岸，마라도 馬羅島，마라도 잠수함 馬羅島潛水艇，서귀포 김정희 유배지 西歸浦金正喜流配址，오설록 Osulloc，이니스프리 제주하우스 Innisfree Jeju House，환상숲 幻想林，가파도 加波島，제주항공우주박물관 濟州航空宇宙博物館

附近美食餐廳　산방식당山房食堂（小麥麵），하르방밀면哈魯邦（海螺刀切麵）부두식당布頭食堂（醬煮刀魚，生魚片），덕승식당德勝食堂（醬煮刀魚），옥돔식당Okdom食堂（海螺刀切麵），비스트로이안스 Bistro ian's（義式料理），젠하이드어웨이 제주 Zenhideaway Jeju（義大利麵），남경미락南京美樂（生魚片）

附近咖啡廳　나비정원 蝴蝶庭院，스테이위드커피S tay with coffee，Salon de 소자 38　Salon de soja38，웬드구니 Wendkuni，물고기카페 Mulgogi café，레이지박스 Lazy Box

比月光更羞澀的黃色，
中文區月光步道

　　雖然油菜花在濟州島路邊的石牆或田園石牆的附近都可以看到，但以人工的力量將油菜花點綴在散步小徑或公園裡，更被喜歡拍照的遊客所熱愛。中文區也有油菜花路，中文色月海邊下來的路段，對面有一條叫做「中文月光步道」的散步小路，在那裡可以免費欣賞到大面積的油菜花田地。「月光步道」這個名字非常浪漫，在夏季傍晚走在步道上，可以享受到涼爽的微風。

地點　제주특별자치도 서귀포시 중문동 濟州特別自治道西歸浦市中文洞
附近觀光景點　중문색달해변 中文色月海邊，중문대포주상절리대 中文大浦海岸柱狀節理帶，천제연폭포 天帝淵瀑布，테디베어뮤지엄 Teddy Bear Museum，여미지식물원 如美枝植物園，믿거나말거나 뮤지엄 Ripley's Believe It or Not! Jeju，군산오름 群山岳
附近美食餐廳　덤장 Deomjang（鄉村料理），꽃돼지연탄구이 花豬炭火烤肉（豬肉），신라원 新羅園（馬肉），돌하르방밀면 多爾哈魯邦小麥麵

GREEN JEJU

青麥田，綠茶田，濟州馬房牧場

草綠色波浪，
加波島青麥慶典

　　我在濟州島生活期間，雖然不止一次對大自然的美麗感到讚嘆，但加波島的青麥田可以說是我心中前三大美景的地方。在沒有任何期待和資訊的情況下，4月末來到加波島，它帶給了我無盡感動和衝擊。覆蓋整個小島的草綠色青麥田極具異國風情。濟州島的天際線有別於陸地非常的低，放眼望去會讓人覺得心胸開闊，特別是整個加波島彷彿與天空相連一樣。加波島的青麥田乘著微風彷彿波浪，遠處看到的橙色矮房屋的屋頂也好似捕魚的漁船。

船班始發時間　摹瑟浦港09:00，加波島09:20／最後一班船 摹瑟浦港15:00，加波島15:20
一日三次運行，慶典期間增加船班（需要15分鐘）
費用　成人青少年往返 12,400w／兒童6,300w
電話　064-794-5490／064-794-3500
URL　http://wonderfulis.co.kr
附近美食餐廳　올레길식당 偶來路食堂（海螺刀切麵，大麥拌飯），용궁정식 龍宮定食
（萬元定食）

洞窟的茶園，
茶喜然

　　漢拏山是世界三大綠茶種植地，在濟州島旅行時可以在漢拏山的周邊看到很多綠茶梯田，「茶喜然」是位於漢拏山東邊的綠茶田。初夏時節，綠色的茶葉梯田和山頂粉紅色的花朵，在藍天之下散發著絢麗之美。在茶喜然有一家特色的天然洞窟咖啡廳，咖啡廳「洞窟的茶園」是在開發綠茶田時，機緣巧合發現的天然熔岩洞窟，成人要付韓幣5千元的茶喜然入場費以及店裡提供的飲料費用。在這裡可以品嚐到綠茶、綠茶冰淇淋、綠茶巧克力和綠茶蛋糕捲等，都是利用茶喜然的有機綠茶做出的甜品和飲料（根據Menu的不同會產生額外的費用）。綠茶田上空的高空飛索運動設施也極具人氣。

．．．

地點　제주시 조천읍 선교로 117 濟州特別自治道濟州市朝天邑善橋路 117號
營業時間　09:00~18:00（受季節影響會稍有變動）/ **11月16日~1月31日** 09:00~17:30 / 2月1日~4月15日 09:00~18:00 / **4月16日~5月31日** 09:00~18:30 / **6月1日~9月15日** 09:00~19:00 / **9月16日~10月15日** 09:00~18:30 / **10月16日~11月15日** 09:00~18:00
入場費　成人5,000w / 青少年3,000w / 兒童免費
電話　064-782-0005
URL　www.daheeyeon.com
附近觀光景點　함덕서우봉해변 咸德犀牛峰海邊，돌하르방공원 多爾哈魯邦公園，거문오름 拒文岳，에코랜드 生態樂園，산굼부리 山君不離，절물자연휴양림 寺泉自然休養林，사려니 숲思連伊林
附近美食餐廳　담 Dam（清麵醬），부농 富農（定食），라마네 의식주 Ramane（米線，泰式酸辣湯）

讓旅人駐足欣賞的風景，
濟州馬房牧地

　　濟州馬房牧地是來濟州島前，看到某位攝影師的照片後，心想一定要來看一看的地方。到了這裡讚嘆「啊，真美」以外，再也無須其它言語。從4月末到11月末，小馬駒躺在草地上睡午覺，大馬們則在附近安靜地吃草。此情此景，看在眼中真的會讓人羨慕起這些馬兒。所以經過馬房牧地的時候，總是會被這風景吸引，停下車子駐足。這裡真是讓人心情愉悅的地方，會讓人感恩可以生活在濟州島。我都會向朋友們推薦，可以從濟州市內經過寺泉自然休養林和思連伊林蔭路，或走516公路去往西歸浦，一路上的景致風光無限迷人。

地點　제주특별자치도 제주시 용강동 濟州特別自治道濟州市 崗洞
電話　064-710-2298
附近觀光景點　거문오름 拒文岳，에코랜드 生態樂園，산굼부리 山君不離，절물자연휴양림 寺泉自然休養林，사려니숲 思連伊林蔭路，돌문화공원 石頭文化公園，붉은오름자연휴양림 赤岳自然休養林，노루생태관찰원 獐鹿生態觀察園
附近美食餐廳　낭뜰에쉼팡 林中休息站（生菜包飯，醬味拉麵），교래손칼국수 橋來刀切麵，성미가든 城美花園（雞肉火鍋），길섶나그네 路邊過客（蔬菜包飯定食），뜰향기 庭院香氣（蔬菜包飯定食），도구리슬로푸드 Doguri Seulro Food（麵醬，大醬），장원삼계탕 長園蔘雞湯，스페니쉬쓰리몽키즈 SPANISH-3MONKEYS（西班牙料理），방주식당 方舟食堂（馬蹄葉餃子，豆漿冷麵），라마네의식주 Ramane（米線，越式法國麵包）
附近咖啡廳　프롬제이 From J，귤꽃橘花，라포레사려니 La Foret SaRyeoni，카페1024 CAFE1024，구름언덕 雲丘，다희연 동굴카페 茶喜然洞窟咖啡廳

BLUE JEJU

細花海邊，咸德犀牛峰海邊，挾才海水浴場＆金陵海水浴場

我的私房景點，
細花海邊

　　講到「濟州海域」首先會想到透明的藍色。濟州海域的顏色與韓國本土海域有著明顯的不同。天高雲淡的時候，海的顏色顯得更清澈更藍。細花海域是我搬到濟州島第二天遇見的海，當天我滿心激動的想「這裡竟然會看到這麼藍的海，我真幸福可以生活在這樣的島上」。可能是因為有了這樣的第一印象，所以會想要把細花海邊保留成我個人的秘密場所。雖然這裡不像人氣海水浴場一樣交通便利，但卻能充分地感受和享受到海洋的美麗。

. . . .

地點　제주시 구좌읍 濟州市舊左邑
電話　064-728-7752
附近觀光景點　해녀박물관 海女博物館，바지림 榟子林，월정리 月汀里，메이즈랜드 迷路公園，용눈이오름 龍眼岳，성산 城山，섭지코지 涉地可支，김녕성세기해변 金寧海邊，김녕미로공원 金寧迷路公園
附近美食餐廳　다래향 多來香，명진전복 明進鮑魚（鮑魚石鍋飯），재연식당 才然食堂（定食），평대스낵 PyeongDae Snack（辣炒年糕，炸物），알이즈웰 aal is well（義大利麵），부농 富農（在地料理），라마네의식주 Ramane（米線，越式法國麵包）
附近咖啡廳　구좌상회 舊左商會，풍림다방 風林茶坊，Jeju in aA，바보카페 Babo Café，바다는 안보여요 看不見海，카페동네 Café DongNe，월정리로와 Wol JeongRi RoWa，조끌락카페 jjokkeullak café，산호상점 珊瑚商店，카페마니 Café Mani

適合一家人玩樂的海域，
咸德犀牛峰海邊

　　濟州島雖然是座小島，但每個海域的特徵都不一樣，並不是每個海域都堆積著玄武岩。有的海域可以看到奇岩絕景，有的海域寬廣的像是西海岸一樣，在白沙灘上可以撿到貝殼，沙灘有黑色、白色還有金色。咸德犀牛峰海邊具備上述條件。運氣好的話還可以釣到小魚，還有白沙灘可以讓孩子們玩耍。在水裡玩夠了可以跑到陸地上，在寬廣的草地和遊樂園玩，也可以放風箏。咸德犀牛峰海邊的山丘下，有著像畫一樣美麗的犀牛峰步道，不陡峭，老年人和小孩也可以輕鬆行走。

地點　제주시 조천읍 신북로 濟州市朝天邑新北路
電話　064-728-3989
附近觀光景點　서우봉둘레길 犀牛峰步道，돌하르방공원 多爾哈魯邦公園，다희연 茶喜然，거문오름拒文岳，에코랜드 生態樂園，산굼부리 山君不離，절물자연휴양림 寺泉自然休養林，사려니 思連伊林蔭路
附近美食餐廳　잠녀해녀촌 潛女海女村（水拌生魚片、鮑魚粥），버드나무집 柳樹家（海鮮刀切麵），숨어있는집 隱藏之家（炸雞），신촌덕인당 新村德仁堂（濟州大麥麵包）
附近咖啡廳　프롬제이 From J，귤꽃 橘花，다희연동굴카페 茶喜然洞窟咖啡廳，라포레사려니 La Foret SaRyeoni，구름언덕 雲丘

環抱飛揚島的童心海域，
挾才海水浴場 & 金陵海邊

　　挾才海水浴場和金陵海邊的正前方，是如同浮在水面上一樣的美麗小島—飛揚島。它勾勒出如畫一般的大海，是非常棒的海域。飛揚島的模樣像是小王子中「吞食大象的蟒蛇」一樣。兩個海域並排著，可以選擇喜歡的前往。挾才與金陵海邊，白色的沙灘和透明的海水相連接，運氣好的話還可以看到淡綠色的海水。水很淺，所以帶孩子來玩的觀光客很多，在海岸另一邊的樹林還可以露營。下午傍晚抵達的話，還可以欣賞到耀眼溫暖的夕陽。

地點　제주시 한림읍 濟州市翰林邑

電話　협재 挾才 064-796-2404 / 금능 金陵 064-728-7672

附近觀光景點　비양도 飛揚島，한림공원 翰林公園，더마파크 Deoma Park，저지리문화예술인마을 楮旨里文化藝術人村，낙천리아홉굿마을 樂泉里九巷村，수월봉 水月峰

附近美食餐廳　면뽑는선생 만두빚는아내 做麵的先生包餃子的妻子，모디카 Modica（義式料理），오크라 OKRA（手作炸豬排），서촌제 SeoChonJe（手作炸豬排），보영반점 寶榮飯店（什錦炒碼麵），한림칼국수 Hallim Kalguksu，사형제횟집 四兄弟生魚片（醬煮石斑魚），협재수우동 挾才水烏東

附近咖啡廳　엔트러사이트 Anthracite，매기의 추억 Café Maggie，카페 닐스 Café Nilseu，카페 그 곳 Café The Got

WHITE JEJU

沙羅峰，漢拏山威勢岳，濟州自生地櫻花林

暖洋洋的冰雪世界，
沙羅峰

　　機場附近的濟州市區，即使是深冬，氣溫也多半在零度以上，所以不會有積雪。但是在冬天下雨，往漢拏山方向再進去一點會遇到路面積雪，導致交通受阻。因此，冬季如果濟州市區下雨的話，最好延遲一兩天，等到路況有所好轉，再前往漢拏山欣賞美景。如果沒有時間和體力攀登漢拏山頂，我推薦前往沙羅峰。從城板岳開車過去，大概需要2個小時就可抵達山頂，那裡有一處湖水，深冬積雪環繞的山井湖水被白色的城牆所圍繞，像極了冰雪世界，短時間的山行卻能帶來如此大的感動。要注意的是，漢拏山冬季登山時，要準備好冰爪、鞋套等冬季登山用品。

　　如果是在春秋之際雨後的沙羅峰，當你抵達山頂一直走向展望台的路上，會出現悠悠水渠。可以脫掉鞋子在水中行走，清涼暢快的感覺可以一直滲透進身體裡。

地點　제주특별자치도 제주시 조천읍 교래리 성판악 매표소 입구 濟州特別自治道濟州市朝天邑橋來里城板岳售票處入口

營業時間　**夏季（5～8月）**探訪路入口13：00起限制入山 / **換季期（3～4月，9～11月）**探訪路入口12：00起限制入山 / **冬季（11～2月）**探訪路入口12：00起限制入山

入場費　免費

電話　064-725-9950

URL　http://www.hallasan.go.kr

若真有天堂也許就像這樣，
漢拏山威勢岳

　　迎來冬天的威勢岳，不會輸給瑞士。海拔高度已經達到1,700m，團團雲朵已經踩在腳下，彷彿來到了天堂一般。如果是第一次去威勢岳，推薦選擇靈室登山路。靈室登山路可以欣賞到五百將軍的靈室奇岩和屏風岩石，一路上可以看到彷彿會出現山神一般的如畫山勢。如果想搭乘巴士可以選擇御里牧登山路抵達山頂，再從靈室登山路下山，這樣就可以感受到兩種完全不同的景色了。雖然御里牧登山路比威勢岳距離要長，但除了登山路一開始有些陡峭外，大部分都是平緩的山路。

．．．

地點　제주특별자치도 서귀포시 하원동 영실 매표소 濟州特別自治道西歸浦市河源洞靈室售票處
營業時間　夏季（5～8月）威勢岳管制所 14：00起限制入山 / **換季期（3～4月，9～11月）**威勢岳管制所 13：00起限制入山 / **冬季（11～2月）**威勢岳管制所 13：00起限制入山
入場費　免費
電話　064-747-9950
URL　http://www.hallasan.go.kr

盡情享受櫻花盛開的感動，
濟州自生地櫻花林

　　漢拏山是世界公認的大櫻花樹自生地。自生地是指非人為種植栽培，而是植物能夠自然生長的土地。大櫻花樹被誤認為是日本的國花，事實上它並非是日本的國花，在日本也沒有櫻花自生地。既然如此，不如到有大櫻花樹的自生地濟州島來，重新認識櫻花吧！當你走在櫻花樹下，只是看著都會倍感幸福，來享受屬於濟州島的櫻花季吧！濟州島賞花的景點有沙羅峰、別刀峰、濟州大學入口、漢拏樹木園、光令里、綠山路、中文觀光園區等。濟州櫻花盛開一般會在3月末～4月初，不要錯過喔！

GOLD JEJU

多羅非岳，曉星岳， 山君不離

蜿蜒起伏的曲線美，
多羅非岳

　　在漢拏山東邊的中山間，聚集了很多優美且風景宜人的山丘。其中，多羅非岳是男女老少都可以輕鬆抵達的山丘。特別是東邊的山丘，若在秋天午後時分抵達，便可以欣賞到落霞殘照的景色。最特別的是，多羅非岳有3個火山口聚集在山脊上，時而聚集時而分散，此起彼伏好似水波一般。因為這裡風很大，放眼望去還可以看到很多的風力發電機。臨近秋天，從入口開始滿地覆蓋的蘆葦，乘著秋風成為了耀眼的波浪。

地點　서귀포시 표선면 가시리 산62 西歸浦市表善面加時里 山62號
附近觀光景點　표선해비치해변 表善海邊，제주민속촌 濟州民俗村，김영갑갤러리 두모악 金永甲美術館，일출랜드 日出樂園，성읍민속마을 城邑民俗村，조랑말체험공원 迷你馬體驗公園
附近美食餐廳　옛날팥죽 昔日紅豆粥（湯圓紅豆粥，湯飯），리틀이태리 Little Italy（漢拏峰橘披薩，鮑魚披薩），나목도식당 那木都食堂（辣炒豬肉），가시식당 佳時食堂（辣炒豬肉），표선어촌식당表善漁村食堂（馬頭魚料理），춘자멸치국수 春子鯷魚麵條
附近咖啡廳　시간더하기 Sigan Deohagi，모드락 572 Modeurak572，카페오름 Café Oreum

○ ○
○

一望無際的山丘，
曉星岳

　　曉星岳是從濟州市區往大靜或中文洞方向延伸的和平公路上，位於右手邊的一個大山丘。曉星岳沒有樹林，到了秋天整個山丘都被蘆葦覆蓋，攀登時視野無阻。行走間為了不錯過美景，還會情不自禁的駐足回望。站在山頂360度環視，可以將大海、漢拏山和周圍的山丘盡收眼底。曉星岳是我來到濟州島後，第一個攀登的山丘，那時候我還以為濟州的所有山丘都和曉星岳一樣沒有樹林。但後來才知道，每個山丘都有自己的特色。去過了很多的山丘後，我覺得曉星岳就如同媽媽的懷抱一樣溫暖熟悉。

地點　제주시 애월읍 봉성리 산59-8 濟州市涯月邑鳳城里 山59-8號

附近觀光景點　곽지과물해변 郭支海邊，한담해변 韓潭海邊，테지움 泰迪熊博物館，프시케월드 Psyche World，렛츠런파크 Let's Run Park，금오름 金岳，헬로키티아일랜드 Hello Kitty Island，더럭분교 多樂本校

附近美食餐廳　비바라짬뽕 VIVARI JJAMBBONG（中式），제주슬로비 Jeju Slobbie（在地料理），Kitchen Hygge（丹麥料理），하얀성 白色城堡（生魚片），더돈 Deodon（烤肉），뚱딴지 Ttungttanji（活魚福湯），아루요 ARUYO（長崎炒碼麵），오크라 OKRA（手作炸豬排），카페태희 Café Tae Hee（Fish & Chips），몬스터 Monster（吉拿棒），스티브트럭새우 Steve's truck shrimp，밥깡패 Bap Kkang Pae（義大利麵）

附近咖啡廳　리치망고 Rich Mango（鮮芒果汁），살롱드라방 SALON de LAVANT，까미노 CAMINO，앤디앤라라 ANDY&LALA

○ ○

蕩漾的金色水波，
山君不離

　　如果說是春天的油菜花將整個濟州島染成黃色，那麼秋天的蘆葦也可以將整個原野都染成金色。其中管理完善又長得旺盛的蘆葦，就在山君不離。山君不離是濟州島著名的火山口，秋天正是蘆葦茂盛之時。山君不離的蘆葦長得好，早已被人所熟知。沒有去過的人，會因為要收入場費而產生「看些蘆葦為何要付費？」的困惑。但是當你看到了蘆葦園，自然會忘記付過的入場費了。柔軟又令人賞心悅目，連綿起伏的原野被蘆葦填滿的壯觀景色，就非常值回票價了。

∙∙

地點　조천읍 비자림로 786　朝天邑榧子林路 768號
營業時間　平日 09：00～18：00 / 11～2月 09：00～17：00
入場費　成人6,000w /兒童及老年人3,000w
電話　064-783-9900
URL　http://www.sangumburi.net
附近觀光景點　에코랜드 生態樂園，절물자연휴양림 寺泉自然休養林，사려니 숲思連伊林，돌문화공원 石頭文化公園，붉은오름자연휴양림 紅岳自然休養林
附近美食餐廳　교래손칼국수 橋來刀切麵，성미가든 城美花園（雞肉火鍋），길섶나그네 路邊過客（蔬菜包飯定食），방주식당 方舟食堂（馬蹄葉餃子，豆漿冷麵）
附近咖啡廳　프롬제이 From J，귤꽃 橘花，라포레사려니 La Foret SaRyeoni，카페1024 CAFE1024，구름언덕 雲岳，다희연동굴카페 茶喜然洞窟咖啡廳

野火節，思連伊林蔭路，山茶花庭園

世界唯一，最棒的玩火遊戲，
野火節

　　曉星岳的蘆葦旺盛之季，讓我們大飽了眼福，最後它還能燃燒自己，帶給我們無盡的感動。燃燒整個曉星岳的野火節，是我見過最雄壯也是印象最深的節慶，這也是我想向更多人介紹濟州島的特殊節慶。野火節大約在3月初，持續約3～4日，遠眺曉星岳一帶煙霧籠罩的大火，看起來像是火山爆發後的熔岩流淌一樣。2015年的野火節，曉星岳點火當天就有18萬人聚集在此，可以說這是一年中最大規模的慶典了。

- -

地點　주특별자치도 제주시 애월읍 봉성리 산59-8 濟州特別自治道濟州市涯月邑鳳城里 山59-8號（曉星岳）

日期　農曆正月元宵節前後（每年3月初）

電話　064-728-2752

URL　http://www.buriburi.go.kr

附近觀光景點　곽지과물해변 郭支海邊，한담해변 韓潭海邊，테지움 泰迪熊博物館，프시케월드 Psyche World，렛츠런파크 Let's Run Park，금오름 金岳，헬로키티아일랜드 Hello Kitty Island，더럭분교多樂本校

神聖又夢幻的紅色秘境，
思連伊林蔭路的火山泥路

　　思連伊林蔭路的「思連伊」是「神聖之地」的意思。正因如此，這裡白茫茫的霧氣會讓人覺得十分神秘。從榧子林路的思連伊林蔭路入口開始，一直到紅岳有10km，是健行的人會喜愛的路段，紅岳這個名字是火山噴發產生的小塊紅色火山泥覆蓋而來的。最好在下起濛濛細雨的時候去思連伊林蔭路上走走，思連伊林蔭的火山泥路的兩側，高挺沖天的柳杉和松樹受霧氣影響，散發出的木香會更濃郁。6月的時候，火山泥路上像雪一樣散落的野茉莉花，在霧氣的襯托下會顯得更加夢幻。獐鹿大概也喜歡這種神秘的氛圍吧，在濟州島生活期間，最常遇到獐鹿的地方就是思連伊林蔭路了。

地點　주특별자치도 제주시 조천읍 濟州特別自治道濟州市朝天邑

營業時間　日落以後禁止入內／入場費 免費

電話　064-900-8800

URL　http://www.forest.go.kr（山林廳）

附近觀光景點　함덕서우봉해변 咸德犀牛峰海邊，서우봉둘레길 돌하르방공원 犀牛峰步道多爾哈魯邦公園，다희연 茶喜然，거문오름 拒文岳，에코랜드 生態樂園，산굼부리 山君不離，절물자연휴양림寺泉自然休養林

附近美食餐廳　도구리슬로푸드 Doguri Seulro Food（麴醬，大醬），장원삼계탕 長園蔘雞湯，스페니쉬쓰리몽키즈 SPANISH3MONKEYS（西班牙料理），방주식당 方舟食堂（馬蹄葉餃子，豆漿冷麵），낭뜰에쉼팡 林中休息站（生菜包飯，醬味拉麵），교래손칼국수 橋來刀切麵，성미가든 城美花園（雞肉火鍋），길섶나그네 路邊過客（蔬菜包飯定食），뜰향기 庭院香氣（蔬菜包飯定食）

附近咖啡廳　프롬제이 From J，귤꽃橘花，라포레사려니 La Foret SaRyeoni，카페 1024 CAFE1024，구름언덕 雲岳，다희연동굴카페 茶喜然洞窟咖啡廳

吸引女孩的浪漫童話氛圍，
山茶花庭園

　　據說山茶會開兩次花，一次是在樹上，一次是掉落在地上。冬季賞花不容易，所以滿園紅色茶花可以說是一份讓人歡喜的禮物。遍地散落的茶花葉就像天然的紅地毯一樣。山茶花庭園即精緻又可愛，充滿了少女情懷，因此這裡受到了不少女性觀光客的喜愛。飽含愛意的花環，樹上掛著的彩布，惹人喜愛的茶花椅，盛滿各種顏色茶花的石臼等，營造出了既浪漫又充滿童話氛圍的樹園。多爾哈魯邦在濟州島隨處可見，但山茶花庭園的多爾哈魯邦戴著花做的墨鏡、圍巾、耳包、花書包和頭巾等，用多彩的顏色裝飾出風趣的時尚穿著，也為山茶花庭園增色不少。

....

地點 제주특별자치도 서귀포시 안덕면 병악로 166 濟州特別自治道西歸浦市安德面兵岳路166號

營業時間 冬季 12～2月 08：30～17：00 / **換季期 3～5月**，9～11月 08：30～17：30 / **夏季6～8月** 08：30～18：00

入場費 成人7,000w，青少年及老年人5,000w，兒童4,000w

電話 064-792-0088

URL http://www.camelliahill.co.kr

附近觀光景點 화순금모래해변 和順金沙海邊，산방산유람선 山房山遊船，본태박물관 本態博物館，다빈치뮤지엄 Davinci Museum，방주교회方舟教會，세계자동차박물관世界汽車博物館

附近美食餐廳 산골숯불왕소금구이山溝炭火大粒鹽烤肉，두봄 2Springs（手作漢堡），알동네집Aldong Nejip（蜂窩煤烤肉），명리동식당名利東食堂（什錦烤肉），춘심이네 春心之家（烤刀魚），운정이네 雲情之家（在地料理），피자굽는 돌하르방 烤披薩的多爾哈魯邦（披薩）

附近咖啡廳 오설록Osulloc（綠茶蛋糕捲），이니스프리Innisfree（甜橘山丘冰），느영나영감귤창고 Neuyeong Nayeong甜橘倉庫

兜風路線

—

Inspiration from Jeju

心動濟州 01

草原上的馬和牛悠閒地吃著草，沿著鄉村小路馳騁在路上，可以看到雲朵懸掛的海岸美景、幽靜的柳杉林路、美麗的賞花路線和別具風情的蘆葦滿開路線等，如畫一般的兜風路線遍布了濟州島。除了濟州市區以外幾乎不會出現堵車的路況。接著介紹五處來濟州島玩的遊客，最喜愛的自駕旅遊路線。

夢幻的花路，
鹿山路

°

4月初前後，來訪濟州島的朋友，我一定會向他們推薦這個地方。這裡正是《韓國的美麗公路100條》裡介紹過的，以兜風路線最為著名的鹿山路。位於濟州島東南面的表善面加時里的「靜石航空館」為目的地，大約快要抵達目的地前，便會看到如夢幻一般的油菜花路了，這裡也是鹿山路段最精彩的開始。向著遠處的表善前海馳騁，沿路可以欣賞到黃色和白色的花浪，它們從中間分開彷彿是摩西奇蹟一般的場景。此時，再加上櫻花在微風中擺動，更會讓開車的人們享受其中，彷彿自己成了電影裡的主角。難怪只經過一次

會覺得很可惜，所以總是會調頭再走一次。不論經過多少次，都會讓人不經意地發出讚嘆。秋天還有波斯菊，所以錯過了春天也沒有必要感到失望。

....

地點 녹산로(조천읍 교래리~서귀포시 표선면 가시리) （朝天邑橋來里~西歸浦市表善面加時里）

附近觀光景點 표선해비치해변 表善海邊，제주민속촌 濟州民俗村，김영갑갤러리 두모악 金永甲美術館，일출랜드 日出樂園，성읍민속마을 城邑民俗村，따라비오름 多羅非岳，조랑말체험공원 迷你馬體驗公園

附近美食餐廳 옛날팥죽 昔日紅豆粥（湯圓紅豆粥，湯飯），리틀이태리 Little Italy（漢拏橘橘披薩，鮑魚披薩），나목도식당 那木都食堂（辣炒豬肉），표선어촌식당 表善漁村食堂（馬頭魚料理），춘자멸치국수 春子鯷魚麵條

附近咖啡廳 시간더하기 Sigan Deohagi，모드락 572 Modeurak572，카페오름 Café Oreum

盡情享受林蔭芬多精，

林蔭隧道

從濟州市區經過城板岳開往西歸浦的時候，在516公路（1131公路）上，會經過林蔭隧道，道路兩側的樹木向中間延伸形成了自然的隧道。雖然這裡只有1.2km左右的短程路段。但這區間打開窗戶盡情的享受林蔭的芬多精，慢慢地驅車欣賞林蔭隧道。夏天的綠蔭過後，被染紅的秋色也很壯觀，彷彿是通向冰雪世界大門的隧道雪景，也極具夢幻色彩。但是深冬的516公路非常危險，請先瞭解路況後再驅車前往。

地點 성판악에서 서귀포 방면으로 從城板岳到西歸浦方向
附近觀光景點 에코랜드 生態樂園，산굼부리 山君不離，질물자연휴양림 寺泉自然休養林，사려니숲 思連伊林蔭路，돌문화공원 石頭文化公園，노루생태관찰원 獐鹿生態觀察園

欣賞美景海岸，
涯月海岸道路
。。

如果是第一次到濟州島，一定要開車前往一次，位於西邊從涯月邑下貴里到涯月邑的這段海岸路。涯月邑海岸道路距離濟州機場很近，如果是返回機場的話，開車兜風經過這裡也是條很棒的路線。從舊嚴里開始，站在路邊可以欣賞海景，還有很多長椅，供人們拍照和欣賞風景。總是在電視媒體上出現的咖啡廳和美食餐廳也都聚集在此處。

地點　제주시 애월읍　濟州市涯月邑

附近觀光地點　곽지과물해변 郭支海邊，한담해변 韓潭海邊，테지움 泰迪熊博物館，프시케월드 Psyche World，렛츠런파크Let's Run Park，새별오름 曉星岳，금오름金岳，헬로키티아일랜드Hello Kitty Island，더럭분교 多樂本校

附近美食餐廳　비바라짬뽕 VIVARI JJAMBBONG（中式料理），제주슬로비 Jeju Slobbie（在地料理），키친후거 Kitchen Hygge（丹麥料理），하얀성 白色城堡（生魚片），더돈 Deodon（烤肉），뚱딴지Ttungttanji（活魚福湯），아루요 ARUYO（長崎炒碼麵），오크라 OKRA（手作炸豬排），카페태희 Café Tae Hee（Fish & Chips），몬스터 Monster（吉拿棒），스티브트럭새 Steve's truck shrimp，밥깡패 Bap Kkang Pae（義大利麵）

附近咖啡廳　리치망고 Rich Mango（鮮芒果汁），살롱드라방 SALON de LAVANT，까미노 CAMINO，앤디앤라라 ANDY&LALA

如同置身加拿大的 思連伊林蔭路前，

榧子林路

⁛

　　榧子林路是指從濟州市奉蓋洞連接坪岱里路的1112號產業道路。榧子林路總長約27.3km，整個區間展示各式各樣的風光，是濟州最迷人的兜風路線之一。其中，思連伊林蔭路周圍筆直高挺伸向高空的柳杉樹，在道路兩側像是屏風般排列開，如同在加拿大針葉林裡兜風一樣。這條兜風路線一直連接到榧子林，所以才有了「榧子林路」的名字。

· ·

地點　제주시 조천읍 사려니숲길 濟州市朝天邑思連伊林蔭路

附近觀光景點　에코랜드 生態樂園，산굼부리 山君不離，절물자연휴양림 寺泉自然休養林，사려니숲 思連伊林蔭路，돌문화공원 石頭文化公園，노루생태관찰원 獐鹿生態觀察園

附近美食餐廳　낭뜰에쉼팡 林中休息站（生菜包飯，醬味拉麵），교래손칼국수 橋來刀切麵，성미가든 城美花園（雞肉火鍋），Dam（清麴醬），길섶나그네 路邊過客（蔬菜包飯定食），뜰향기 庭院香氣（蔬菜包飯定食）

附近咖啡廳　프롬제이 From J，귤꽃 橘花，라포레사려니 La Foret SaRyeoni，카페1024 CAFE1024，구름언덕 雲岳，다희연동굴카페 茶喜然洞窟咖啡廳

欣賞濟州獨一無二美景，
沙溪兄弟海岸路。

　　沙溪兄弟海岸路，單憑經過松岳山和龍頭海岸這兩個地方，就已經可以成為最棒的兜風路線了。西邊有兄弟島漂浮著的大海和松岳山，東邊有沙溪海岸，後面有高高豎立的山房山。山房山龍頭海岸的越野路線和松岳山的偶來第十條路段相互重疊，風景可謂是濟州島裡獨一無二的。停車後朝著沙溪海岸方向步行，可以看到山房山下的雄偉和大面積展開的Hamori層（被稱作 Nu Ruk Bil Re是火山灰的堆積層），這也是四季魅力中之一。

··

地點　서귀포시 안덕면 사계리 西歸浦市安德面沙溪里

附近觀光景點　송악산 松岳山，용머리해안 龍頭海岸，마라도 馬羅島，산방산 山房山，오설록Osulloc，이니스프리 제주하우스 Innisfree Jeju House

附近美食餐廳　산방식당 山房食堂（小麥麵），하르방밀면 哈魯邦（海螺刀切麵），부두식당 布頭食堂（醬煮刀魚，魴魚生魚片），덕승식당 德勝食堂（醬煮刀魚），옥돔식당 Okdom食堂（海螺刀切麵）

附近咖啡廳　스테이워드커피 Stay with coffee，Salon de 소 38 Salon de soja38，웬드구니 Wendkuni

02

—

The art & culture of Jeju

濟州的文化藝術

濟州的文化藝術領域變得越來越豐富
了,本章收集了其中受到矚目的事例。
濟州的傳統、文化、藝術、歷史與人文
相關景點,旅行時親身來體驗也是不錯
的選擇。

風的攝影師，
金永甲美術館Dumoak

攝影師金永甲，他的大半生都與濟州島的風融為一體，他遊蕩在山、大海與原野之間。他主動斷掉與他人的聯繫，與世隔絕，是一位一心執著只為遇見「真正濟州島」的藝術家。

他第一次接觸相機是在讀國中時，收到哥哥送給他的禮物。他從沒有在學校學過攝影，只在朋友爸爸的照相館打過工。他無法克制的藝術魂使他拿起了相機，並開始穿梭在全國各地到處拍照。1985年他被濟州島吸引定居在此，往後的20年，他用底片記錄了濟州的生活、風、雲、山丘、大海、樹木和蘆葦等。他手中的相機，伴隨著風雨、寒冷與黑暗，捕捉了濟州島的美麗。

很多人看了金永甲的照片都會感到驚訝和感嘆，那是自己生活一輩子的濟州嗎？在濟州島出生和長大的在地人透過照片，在那美麗景色中重新欣賞及認識這座島。可以說金永甲的照片蘊含了濟州的本質以及濟州的靈魂。

　　雖然濟州島最常見到的是山丘，但沒有特別受到人們的關注。金永甲卻被山丘吸引，並遇到了「真正的濟州島」。他的「雲時間的恍惚」作品，讓我們看到那些不容易看到的瞬間。人們被他的照片所著迷，看到了山丘的美，於是開始踏上了山丘之旅。

　　龍眼岳一直乏人問津，但現在卻成了濟州島最有人氣的山丘，除了漢拏山東邊的龍眼岳，還有高岳、月朗峰、小月朗岳和多羅非岳等，讓他讚歎不已的美麗山脊，如畫一般連綿起伏。他越過山丘被濟州的風席捲漂流，他說要想瞭解濟州的內心就要懂得風，懂得了風，才能深入瞭解島民的生活。這也是他的照片裡總是拍下風的原因，也是他被稱為「風的攝影師」的原因。

　　金永甲的照片幾乎沒有晴天。猛烈的風雨和快速移動的烏雲，暴風雨後黑色海面上纖細的光柱，石堆的縫隙間豐盛成長的青麥和油菜田等，都是他鏡頭下的濟州島。解析荒涼貧瘠的自然環境和曲折的歷史，洞察頑強生存的濟州島民的樸實和人生，旅人們可以透過他的照片更貼近真實的濟州島。

　　遺憾的是，當人們開始注意到他的照片時，他已被宣告罹患肌肉萎縮症，因此只有3年的有限時間。疾病並沒有讓金永甲放棄希望，他以頑強的意志力，拖著日漸僵硬的身體完成了美術館的建成，「金永甲美術館Dumoak」成為了他的最後一個作品。

金永甲美術館是利用單層雅緻的廢棄學校改建的。美術館院子的一側還保留著「三達國民學校」的標示,彷彿還能看見孩子們在這裡玩耍學習的樣子。這裡保留住了歲月的痕跡,充滿情感也增添了文化價值。這裡可以感受到金永甲樸素的性格和他熱愛濟州島的真心。

與美術館對望的院子是從前的運動場,這裡彷彿是濟州的縮影。可以看出他執著地在美術館裡栽種一朵花卻又移動了很多次,一塊石頭的位置也被他換了好多次。金永甲美術館的右側栽種的柿子樹,是他親手救活受到雷擊後根部腐爛的樹,神奇的是,那顆柿子樹還能長出柿子。生病期間,對他來講那樹上每長出一片葉子,就如同他的一絲希望。

　　運動場的地面是火山土，這更增添了濟州島的韻味。地面上的石牆像迷宮一樣，會讓人想起濟州村子入口的偶來小徑。石牆上面栽種了野花、蘆葦和水仙花等。生病後很難拿起相機拍照，他把最後的藝術靈魂都獻給了這座美術館。（石牆上展示的土偶作品是和金永甲一樣，身為異鄉人但卻熱愛濟州的雕刻家—金淑子的作品。）

　　美術館內部基本沒有任何裝修，整齊的木頭和黑色的玄武石點綴著牆壁的一側，那就已經是全部了。與都市裡華麗、新穎的畫廊相比，這裡沒有什麼多餘的裝飾，它只是一間簡樸的美術館而已。但參觀時，站在他的照片前，便也可以明白為什麼這裡會人潮不斷的原因，瞭解了直到最後他仍堅持為這裡付出的原因，在這裡有種置身於生機勃勃的濟州大自然裡的感覺。

生前當作辦公室的地方，現在成為了遺物展示廳。這裡展示著他看過的書籍和相機，還有他坐在辦公室的照片，看到這些心裡會有些難過。進入展示廳前，可以在影像室觀看金永甲生前的照片，彷彿他還活在現實生活中一樣。推薦在觀賞作品前，看一看20分鐘左右的紀錄片，可以知道他在這座島上的大半生，是有多麼的熱愛濟州島。

在病痛折磨加劇的時候，之前出版過的書，部分內容加上口述，結合發行了一本攝影隨筆集《那座島上有我》。這本書裡，寫了他從第一步踏上小島到得了肌肉萎縮症後，如何尋找內心平靜的過程，以及生病期間如何完成美術館的過程。在他得知僅有3年的有限時間後，又再堅持了3年，在2005年5月29日，他長眠在自己建起的Dumoak美術館。就這樣，他永遠地住在他熱愛的濟州島懷抱裡。

雖然在他短暫的一生中，沒有與他人溝通，而是選擇了孤獨。但他最後卻為我們留下了禮物——Dumoak。他敞開心扉，正在把所有的故事都講給我們聽。我很感謝他在最後仍舊為Dumoak殫精竭慮。他已經離開十年了，照片裡的濟州島隨著時間的流逝成為了珍貴的回憶。希望金永甲照片中的濟州自然景色不要成為過去，而是能永遠地保留下去。

地點 제주특별자치도 서귀포시 성산읍 삼달로 137 濟州特別自治道西歸浦市城山邑三達路 137號

開館時間 春（3～6月）秋（9～10月） 09：30～18：00 **/ 夏（7～8月）** 09：30～19：00 **/ 冬 （11～2月）** 09：30～15：00 / 休館日 每星期三，春節和中秋當天

入場費 成人3,000w，青少年2,000w，兒童及老年人1,000w，未滿7歲免費

電話 064-784-9907

URL http://www.dumoak.co.kr

附近觀光景點 표선해비치해변表善海邊，제주민속촌濟州民俗村，일출랜드日出樂園，성읍민속마을城邑民俗村，따라비오름多羅非岳，조랑말체험공원迷你馬體驗公園

附近美食餐廳 옛날팥죽昔日紅豆粥（湯圓紅豆粥，湯飯），리틀이태리Little Italy（漢拏峰橘披薩，鮑魚披薩），나목도식당那木都食堂（辣炒豬肉），가시식당佳時食堂（辣炒豬肉），표선어촌식당表善漁村食堂（馬頭魚料理），춘자멸치국수春子鯷魚麵條

附近咖啡廳 간더하기Sigan Deohagi，모드락 572 Modeurak572，카페오름Café Oreum

金永甲美術館位於偶來小徑3號路線上，如果走累了可以到此稍作休息。後院設有無人茶館，備有咖啡、茶和零食等。金永甲美術館成功地將廢棄的學校改建成文化設施以後，廢校重建的案例也越來越多了。在距離三達里不遠的加時里，也有廢校改建的自然熱愛美術館，那裡是攝影記者徐才哲歷時十餘年，拍下濟州照片的展覽空間。

///

遇見濟州生活的中庸之道，
曰鐘美術館

　　不論男女老少看到這些畫都會自然地面露笑容感到幸福，畫並不難懂，可以很舒服、無壓力地欣賞。明亮的色感和活力的感覺，是李曰鐘「畫伯」的畫風，他將濟州島的趣味保留了下來。

　　正方瀑布下來的路口處，就是曰鐘美術館。不管什麼時候去，都可以看到他的畫。美術館就像是朝鮮白瓷一樣的白色茶杯模樣，是Mario Botta（設計了Jeju Agora和三星美術館Leeum）的弟子，瑞士設計師Davide Macullo和韓萬原共同設計的。位於山丘的建築，大大的窗戶彷彿伸手就可以觸碰到森島和蚊島，西歸浦的海也可以盡收眼底。美術館前，精巧的濟州野花和他親自堆起的石牆，以及親手栽種的生菜、白蘿蔔、辣椒和茄子等濟州傳統田園。

　　李曰鐘從異鄉搬到濟州島已有26年了。他渴望中道的人生，消除心中雜念。他放棄了大學教授一職，特意選擇了與都市距離最遠的濟州島定居。起初，他歷經了強烈難耐的孤獨，但這也能讓他更能專注到作品創作中。他說「一切源於內心，心即是法」，一邊生活一邊努力消除雜念與放下執念。20年的時間裡，「濟州生活的中道」是他追求的唯一創作主題。李曰鐘「畫伯」的作品，不但包含著韓式文化的情懷，也以現代的感覺和艷麗的色彩撫慰了現代人的內心。

他的畫總是充滿了花朵、魚、人和鳥，襯托著藍天勾畫出人間樂園的樣子。他的作品裡常常會出現濟州的山茶花、水仙花、梅花和橘子花，色彩鮮明度高，顏色也很輕快。李畫伯的畫中，也常常出現高爾夫，對他來講，高爾夫是實踐「中道」的日常活動，高爾夫和人生也別無兩樣。此外，每幅畫上他都會簽下「西歸浦曰鐘」，這也表現出他對濟州特別的愛意。

　　他的畫被大家喜愛的原因還有一點。那就是他堅持不懈地實踐「中道」，放低自己的姿態，平等且友好地對待所有的人。正因如此，他雖早已是畫壇成功的畫家，但仍舊努力挑戰多種領域，好讓更多的人更容易接觸到藝術作品。

李日鐘「畫伯」長期以來持續地與企業進行藝術合作。Keith Haring和Andy Warhol，透過包包、嬰兒手推車、化妝品、飲料和服裝等不同領域的藝術合作，將藝術作品傳遞到全世界。

　　李日鐘畫伯一直以來與馬克杯、保溫杯、陶瓷、圍巾、高爾夫球、紙巾、領帶、米酒、紅酒、雨傘、手錶和手機殼等商品結合。為喜愛藝術跨界合作的人們，以合理的價格提供了有著美麗圖案的工業品。

　　李曰鐘畫伯每逢週末都會免費教小朋友們畫畫，這件事他已經堅持了10餘年，其中有的學生都已經上了大學。他說過，透過孩子們的單純想法和視角，可以讓自己學習到更多。

地點　제주특별자치도 서귀포시 칠십리로214　30 濟州特別自治道西歸浦市七十里路214街30號

開館時間　夏季（4～9月） 09：30～18：30（17：30前允許入場）**/ 冬季（10～3月）** 10：00～18：00（17：00允許入場）

入場費　成人5,000w / 青少年及兒童3,000w

電話　064-763-3600

URL　http://walartmuseum.co.kr

附近觀光景點　이중섭 문화거리李仲燮文化街，정방폭포正房瀑布，천지연폭포天地淵瀑布，서귀포유람선西歸浦遊船，서귀포 잠수함西歸浦潛水艇，쇠소깍牛沼河口，외돌개獨立岩，황우지해안黃牛地海岸，엉또폭포Eongtto瀑布

附近美食餐廳　서귀포맛집 팔팔西歸浦美食餐廳88（精肉食堂，海鮮湯），쌍둥이횟집雙胞胎生魚片店，어진이네횟집魚珍之家生魚片店（水拌生魚片），천짓골식당CheonJitgol食堂（濟州島黑豬肉），진주식당珍珠食堂（道地傳統料理），관촌밀면關村小麥麵（餃子，小麥麵），새로나분식Saerona Snack（套餐），우정회센타友情生魚片中心（秋刀魚紫菜捲飯），네거리식당Negeori食堂（刀魚湯），삼보식당三寶食堂（道地傳統料理），자매국수姊妹麵條

附近咖啡廳　카페드스웨이CAFÉ DU SWAY，테라로사TERAROSA，비농Banong

老濟州的活力中心，
ARARIO MUSEUM JEJU

　　濟州市內大致可以分為舊區和新區，新區顧名思義，正是新都市的樣貌。舊區雖然在過去曾經是濟州市區的繁華地段，但現在已經乏人問津了。在舊區有位可以代表韓國的世界級收藏家兼畫家——金昌一會長，他開設了一間ARARIO MUSEUM，這成為了老城區重拾活力的轉捩點。

　　講起MUSEUM，大部分的人會以為，在建築用地上蓋起有氣勢的建築還有景觀設計。但ARARIO MUSEUM的TAPDONG CINEMA、TAP-DONG BIKESHOP和DONGMUN MOTEL1&2等都是改建自長期荒廢的建築。因此建築與建築之間存在一些距離，在美術館裡觀賞也可以順便逛逛老街。

　　ARARIO MUSEUM的名字後面還連帶著原有建築的名稱。雖然建築外觀統一是紅色，但每個美術館的內部，還是保留著原有建築的原貌與結構，只有極少部分被拆除了，但還是可以看出改建成美術館之前的用途。內部材料保持原樣，有種未完成的感覺，與陳列的展品相互融合，也得到了藝術性的評價。

　　ARARIO美術館成立以後，在它的四周出現了不少咖啡廳、甜品店和藝術品店等商圈，為老街增添了不少活力。保留了昔日痕跡的ARARIO MUSEUM，也帶給了人們一種復古的新鮮感，原本乏人問津的老街也重新充滿了活力。

地點及電話
- **ARARIO MUSEUM TAPDONG CINEMA**　제주 제주시 탑동로 14 濟州市塔洞路14號 / 064-720-8201
- **ARARIO MUSEUM DONGMUN MOTEL 1**　제주 제주시 산지로 37-5 濟州市山地路37-5號 / 064-720-8202
- **ARARIO MUSEUM DONGMUN MOTEL 2**　제주 제주시 산지로 23 濟州市山地路23號 / 064-720-8204
- **ARARIO MUSEUM TAPDONG BIKESHOP**　제주 제주시 탑동로 4 6-1 濟州市塔洞路4街6-1號 / 064-720-8203

營業時間　10：00〜19：00，全年無休

入場費　TAPDONG CINEMA，BIKESHOP 成人12,000w / 青少年 8,000w / 兒童 5,000w DONGMUN MOTEL 1&2 聯用券 成人10,000w / 青少年 6,000w / 兒童 4,000w

URL　www.arariomuseum.org

附近觀光景點　동문시장東門市場，이호테우해변 梨湖海邊，한라수목원漢拏樹木園，넥슨컴퓨터박물관 Nexon Computer Museum

附近美食餐廳　도두해녀의 집Dodu海女之家（水拌生魚片，海膽拌飯），순옥이네명가舜玉名家（水拌生鮑魚），개원開園（中華料理），자매국수姊妹麵條（肉醬麵），은희네해장국恩熙家解酒湯，우진해장국友珍解酒湯（蕨菜牛肉湯），동문시장東門市場（光明食堂，珍亞年糕店），앞뱅디식당Apbaengdi食堂（醬煮魚），신설오름SINSULORUM（馬尾藻湯），화성식당火城食堂（排骨湯），돌하르방식당多爾哈魯邦食堂（深海魚湯），돈사촌豚四村（豬肉料理）

附近咖啡廳　A Factory Café，문화카페왓집文化Space What，먹쿠슬낭여행자카페Premium shop & gallery café（紀念品，蘋果芒果冰），니의 정원Jenny's Garden，알라스카인제주Alaska in Jeju

ARARIO MUSEUM SHOP & CAFÉ

　　每個博物館都有可以休息的商店和咖啡廳，很難在其它地方看到的商品也都聚集在此，還可以購買到許多設計感手工品。在這裡有很多有趣的商品，像是巧克力或酒瓶外觀的香皂、金寶湯椅子、明信片、T恤 、鑰匙圈、筆記本、杯子、馬克杯和飾品等。

　　和美術館一樣，商店也延續了再生建築的基調。沒有拆毀原有的建築，保留原狀，就連廢棄的馬桶也變成花盆或是藝術品，成為咖啡廳的裝飾。TAPDONG CINE-MA（5層）可以看到海，DONGMUN MOTEL 1（5層）可以俯視整條老街，DONG-MUN MOTEL 2（1層）則可以欣賞街景。

....

營業時間　10：00～22：00 與美術館經營時間不同

///

自然、文化、藝術相互融合的
加時里矮馬體驗公園

　　鹿山路選進了「韓國百大美麗公路」，在濟州島它也是屈指可數的兜風路線。4月期間鹿山路有多美，光看那些攝影愛好者們，像是大砲一樣排列的相機就知道了。開花的季節，低頭可以看到油菜花，抬頭可以看到大櫻花，沿著整條路走下去，真不知道是在現實中還是在夢境裡。擁有這條美麗鹿山路的村子，正是融合了自然、文化和藝術，位於濟州島東南邊的加時里村。

　　加時里擁有朝鮮時代向皇上進貢的最頂級的馬──「甲馬」，飼養場就在「甲馬場」。加時里為了宣揚這個文化，以村會為中心在沿路規劃陳列生動的雕像，表現出加時里畜牧文化的甲馬市集，稱為「甲馬場路」的健行路線。路線分為約20km的甲馬場路線和10km的短程路線，短程甲馬場路線是路線的亮點所在，也是受旅人喜愛的觀光路線。

　　秋天時，有多羅非岳和大鹿山的蘆葦銀光閃閃美景。很多人都會為了尋找濟州的風景遠道而來，運氣好的話，還可以看到野生的獐鹿，大浪街展現的山丘風光可以欣賞到真正的濟州。雖然比起偶來小徑的步行距離要短，但對於沒有太多時間的觀光客而言不失為一個好選擇。

加時里村子持續地都有舉辦文化藝術活動。加時里在2010年成立了「創作支援中心」，這期間有不少的電影導演、建築師、畫家、設計師、廚師和作曲家等，各個領域的藝術家們都經歷了加時里的Residence Program。加時里創作支援中心將加時里村的整體方向定義為「馬」，每年都會以馬為藝術主題。在加時里可以看到各式各樣的雕塑馬，其中鹿山路邊被稱作「扇馬的飛奔」，這將近30多匹金屬雕塑馬，秋天的時候在被風吹動的蘆葦襯托下，看起來像是真的在飛奔一般。沿著那條路再往下走便可以看到加時里體驗馬文化的矮馬體驗公園。

　　矮馬體驗公園是一個綜合文化體驗空間，國內首次由村子設立博物館，矮馬博物館有360度開放式的屋頂花園、騎馬場、野營場、民宿、咖啡廳、藝術品店和兒童體驗場等設施。矮馬體驗公園也是透過加時里創作支援中心，由村裡的居民和加時里的藝術人一同創建的文化空間，並由整個村子的居民一起經營。矮馬博物館裡擁有關於過去畜牧文化的資料和使用過的物品，在這裡還可以欣賞到以馬為主題的藝術品。

　　矮馬體驗公園的建築樓頂，後面可以看到漢拏山，前面可以看到大海，360度全方位的視野可以將附近的山丘盡收眼底，感覺彷彿登上了山丘的最頂端。此外，這裡還有為了小朋友開設的手作香皂、烘培馬糞餅乾、裝扮瓷器馬、騎馬體驗、製作稻草人等與馬有關的體驗活動，這些都受到了帶小朋友出遊的家庭歡迎。

在博物館的馬音咖啡廳還有馬蹄模樣的零食、馬糞餅乾、紅蘿蔔麵包、漢拏山熔岩麵包和矮馬果汁等濟州特色點心。

在濟州島加時里停留的時間夠多，體驗的大自然也多。但如果時間不充足，春天來欣賞鹿山路的油菜花，秋天來看看多羅非岳山丘上的蘆葦就很足夠了。只看這兩樣，就等於是欣賞了一半以上的美景了，可以說是無法用言語形容的迷人境地！

....

地點 서귀포시 표선면 녹산로 381-15　西歸浦市表善面鹿山路381-15號

營業時間 冬季（11～2月）10～17點 / 夏季（3～10月）10～18點

入場費 矮馬博物館 成人2,000w，青少年及兒童1,500w 矮馬騎馬場 基本7,000w / 草原散步12,000~35,000w / 外騎健行 100,000w / 餵馬2,000w

電話 064-787-0960

URL http://www.jejuhorsepark.com

附近觀光景點 표선해비치해변表善海邊，제주민속촌濟州民俗村，김영갑갤러리 두모악金永甲美術館Du-moak，일랜드日出樂園，성읍민속마을城邑民俗村，따라비오름多羅非岳

附近美食餐廳 옛날팥죽昔日紅豆粥（湯圓紅豆粥，湯飯），리틀이태리Little Italy（漢拏峰橘披薩，鮑魚披薩），나목도식당那木都食堂（辣炒豬肉），가시식당佳時食堂（辣炒豬肉），표선어촌식당表善漁村食堂（馬頭魚料理），춘자멸치국수春子鯷魚麵條

附近咖啡廳 시간더하기Sigan Deohagi，모드락 572 Modeurak572，카페오름Café Oreum

將濟州完整保存的金屬美景，

金寧金屬工藝壁畫村

　　2013年底，曾經是普通上班族的兩個年輕女生，為了尋找自己的夢想來到了濟州島。她們以含有「重生的房間」的意義命名「DASIBANG PROJECT」，在金寧定居了下來。那名字彷彿證明了一切，第一個工程是金屬工藝壁畫村，真的讓金寧村重新活了過來，這也為她們二人帶來了更加忙碌的第二人生。

　　她們將位於金寧海邊的老住房改造修建成了金屬工藝工作室，平日當作工作室和活動用場所，週末以咖啡廳的形式經營，把自己想做的事情一個接一個的都實現了。在金寧以濟州島民的身份生活，也使得夢想自然地具體化了。2014年10月，得到韓國農漁村公社支援，在「DASI BANG PROJECT」的主導下，在全國招募了17名金屬工藝師和學生，進行了將濟州和金寧的故事製作成壁畫的壁畫村項目。最後在2015年4月完成了「金寧藝術村Gojang（고장 난）路」。Gojang（고장）是濟州島方言「花」的意思，「고장 난 길」的意思是「花開的路」，從濟州偶來小徑20號路線開始到金寧盛世期海邊，總長3km共設有34處金屬造型藝術品和雕塑，如同名字一樣是一條美麗的路。

　　金屬壁畫主要設置在村裡住家的牆壁和海岸防波堤附近的巷子、屋頂、戶外洗手間的牆壁等。這也成為了在濟州島大街小巷中可以欣賞到的特殊景色，有風、海浪、油菜花、多爾哈魯邦、蘆葦等多種表現濟州整體性的壁畫作品。金寧是海女最多的村子，所以海女的生活也融入了壁畫，表現了金寧村的文化風采。

金寧金屬工藝壁畫村受到矚目的原因在於標新立異。壁畫帶動了人氣，讓許多村子重獲生氣以後，全國各地出現的壁畫村，新增了100多處。但是大多千篇一律，只是急於模仿，大同小異罷了。最後不但沒有讓村子重獲生機，反倒有很多成了不受歡迎的壁畫村。

　　金寧金屬工藝壁畫村的壁畫材料是金屬，因此在壁畫村完成以前就受到了各界媒體的關注。不但是韓國首例，也讓人覺得非常新鮮，單憑這一點就已經可以顯現出它與其他壁畫村的不同了。金屬的顏色並不華麗，它不會破壞村子原有的樣貌，也不會妨礙自然景觀，在石牆、白色的牆壁或水泥上，不論任何地方既不突出又很合適。

　　在建設金寧壁畫村的過程中，也不是一帆風順的。計劃者要挨家挨戶的說明，有

人會反對在自家牆上打洞，有人原本期待艷麗的壁畫，結果看到已完工的金屬作品不滿意的時候，甚至還會要求拆除。

但金寧金屬工藝壁畫能受到人們喜愛的最大原因，就是牆壁上的這些畫包含了濟州的特色和海女文化的真實性，因此得到了大家的共鳴。也許有人會覺得這些都是理所當然的，但事實上沒有堅持這些的案例也比比皆是。那些失敗的壁畫村案例，大部分都是埋沒了「本質」，畫上沒有意義的作品。

如果說過去的「ART」都是侷限在美術館等受限的空間裡，那麼現在它的範圍擴大到與自然結合，與設計相稱，甚至已經反應在公共場所等日常生活中，變得人人都可以很容易接觸到。在還沒有金屬壁畫的金寧村，這裡已經是因為擁有祖母藍海域出

名的村子，但在加進了藝術元素以後，才有機會讓更多的人認識到金寧。金寧金屬壁畫，似乎是引導到濟州島來的人們認識真正的濟州。如果是為了看壁畫第一次來到金寧，沿著海邊欣賞一幅幅的畫進入村子的巷子裡，說不定會看到一個真正的濟州島呢！

....

+　參與DASI BANG PROJECT的設計師：장정은Chang Jeongeun, 권오미Kwon Omi ,엄중호Um Jungho,이성식 Lee Seongsik,이정근 Lee Jeonggeun,추하늘 Chu Haneul, aNZUE,이현정 Lee Hyeonjeong ,남현경 Nam Hyeongyeong ,김선영 Kim Seonyeong,김성숙 Kim Seongsuk,이미지 Lee Miji,김세영 Kim Seyeong,한문섭 Han Munseop,김지희 Kim Jihui,Zenniper,KYE

地點 김녕 서포구 어민복지회관~김녕 세기알해변 金寧西浦漁民福祉會館～金寧Segial海邊

電話 DASI BANG PROJECT 064-901-2929

附近觀光景點 세화해변 細花海邊，제주해녀박물관 濟州海女博物館，메이즈랜드 迷路公園，바지림 榧子林，용눈이오름 龍眼岳，다랑쉬오름 大朗秀岳，월정리해변 月汀里海邊，김녕성세기해변 金寧海邊，김녕미로공원 金寧迷路公園

附近美食餐廳 다래향 多來香，명진전복 明進鮑魚（鮑魚石鍋飯），재연식당 才然食堂（定食），평대스낵 PyeongDae Snack（辣炒年糕，炸物），알이즈웰 aal is well（義大利麵），부농 富農（在地料理），라마네의식주 Ramane（米線，越式法國麵包）

附近咖啡廳 구좌상회 舊左商會，풍림다방 風林茶坊，Jeju in aA，바보카페 Babo Café，바다는 안보여요 看不見海，카페동네 Café DongNe，월정리로와 Wol JeongRi RoWa，조끌락카페 jjokkeullak café，산호상점 珊瑚商店，카페마니 Café Mani

///

傳統火山土甕器，
濟州SUM甕器 Damhwahun

　　在缺少食用水的濟州，每家都備有一個水缸，把用水桶打回來的水倒進水缸裡保存。水缸和水桶都是在濟州生活所需的必備品。但是從1960年開始，出現塑料和金屬材質的產品並大量使用以後，甕器的使用明顯的減少了，曾經有一段時間濟州甕器的命脈幾乎斷掉。但隨著現代人的生活漸漸閒暇起來，生活方式也漸漸地追求環保以後，甕器才得以重新被重視。陶藝家夫妻姜承哲和鄭美嫻，透過創建自己的甕器品牌「제주숨옹기 濟州SUM甕器」，以傳統的方式作出了充滿生命力的甕器，並且將濟州甕器的文化、歷史、卓越的性能和美感廣泛的傳播了出去。

　　甕器因地域的不同，會有略微不同的特性。濟州的土壤要比其他地區土壤更粗糙。濟州甕器是使用了含有很多鐵粉的火山土製作的，烤的時候會顯現出紅光。此外，與陸地甕器最大的差異在於，濟州甕器沒有塗抹釉料，在沒有塗抹釉料的狀態下，土與火的相遇，可以說是更接近大自然的器皿。製作甕器的時候會利用木頭棒槌敲打成型，不經敲打的甕器，稱不上是真正的甕器，敲打是一個非常重要的過程，是讓甕器充滿生命力的過程，利用傳統方式作出的甕器，更加具有生命力。

　　Damhwahun對甕器的熱愛，看冰箱裡裝滿的甕器就可以知道了。普通會用玻璃瓶保存的酵素，在Damhwahun都會用甕器保存。甕器比起密封容器更容易進行發酵和釀製，不但食物的味道會更好，食物也不容易腐爛，只要看一看在炎熱的太陽下保存在濟州甕器裡的水便可以瞭解。神奇的是，水能夠清涼的一直保持在同一溫度下成為軟水，這正是甕器存在生命力的理由，因此甕器才成為了缺水的濟州島生活必備品。濟州甕器會越用越柔和光滑，在主人的手中長時間的使用，顏色也會發生變化。在多風的濟州，甕器要比陸地的甕器底部更寬，使用上更安全，醬缸的蓋子也更深。

　　在Damhwahun接觸到濟州的泥土，便會很自然地聽到濟州的甕器文化，還可以親自動手體驗，製作簡單的器皿。孩子們會因為玩泥土開心，工房附近的石頭、草地等，自然也可以盡情享受。Damhwahun沒有年齡限制，設有最多可以容納100人體驗的大規模工房，可以團體參加。濟州甕器的製作體驗，大概需要1小時左右的時間。

　　在店裡欣賞陶藝家夫妻二人，姜承哲和鄭美嫻親自製作並銷售的陶瓷器也很有趣。Damhwahun的陶瓷器既保存著傳統，又不失現代的造型。事實上，這也和北歐設計受到歡迎的原因一樣，珍惜祖先留下來的傳統與自然，並能夠持續地與現代的設計結合，這才是秘訣。Damhwahun是一處可以感受得到陶藝家夫妻二人熱愛濟州甕器的地方。

地點 제주시 축산마을북길55 제주숨옹기 담화헌 濟州市畜產村北路 55號　濟州SUM甕器 Damhwahun

營業時間 11：00～18：00，每週四休息

菜單及價格 咖啡3,500w，豆粉冰淇淋4,500w

電話 064-744-9636

URL http://blog.naver.com/damhwahun

附近觀光景點 제주도립미술관 濟州島美術館，신비의도로 神奇的道路，한라수목원漢拏樹木園，넥슨컴퓨터박물관Nexon Computer Museum，이호테우해변 梨湖海邊

附近美食餐廳 도두해녀의 집 Dodu海女之家（水拌生魚片，海膽拌飯），순옥이네명가舜玉名家（水拌生鮑魚），자매국수 姊妹麵條（肉醬麵），은희네해장국 恩熙家解酒湯，우진해장국 友珍解酒湯（蕨菜牛肉湯），신설오름 SINSULORUM（馬尾藻湯），돈사촌 豚四村（猪肉料理）

附近咖啡廳 A Factory Café，문화카페왓집 文化Space What，먹쿠슬낭여행자카페 Premium shop & gallery café（紀念品，蘋果芒果冰），제니의 정원 Jenny's Garden，알라스카인제주 Alaska in Jeju

鄉村分校的成功變身，
多樂分校

　　Jean Philippe Lenclos是世界著名的色彩派畫家。他研究的色彩地理學中指出，要根據地區的環境來使用不同的顏色，因此它的社會文化將帶來不同的結果，也會對當地的居住環境和人們帶來影響。

　　下加里的涯月國小多樂分校，是我透過手機廣告才知道的，因為打破常規的彩虹顏色更加具有人氣。重獲生機的多樂分校與活躍的地區政策產生了互助的效果，這使得下加里一帶與幾年前有了明顯的不同。學生人數增加，不久前學校還擴建了，下加里的咖啡廳和美食餐廳也越來越多。

　　多樂分校的顏色，在濟州島其實是很少見的。從沒想過五顏六色的色調與濟州島是否合適，但現在如果把多樂分校換成其它的顏色，那會更加難以想像了。

　　在多樂分校的運動場散步一個小時，會發現帶著相機來的人絡繹不絕。多樂分校的春天是和美麗的櫻花一起開始的，雖然草地還是冬季的

黃色，但操場中央的櫻花樹早已盛開，它將彩虹色的學校點綴的更顯艷麗。運動場的草地整個被綠色覆蓋，這使得學校倍顯活力。變成黃金色秋天的草地，比起一片綠色時顯得暖融融軟綿綿，孩子們會躺在上面享受暖冬的陽光。學校的絢麗顏色，每個季節都會與周圍景觀相互融合，這讓玩耍的孩子們開心，也讓看到此景的人們感到幸福。

∙∙

地點 제주 제주시 애월읍 하가로 195 濟州市涯月邑下加路 195號

訪問時間 平日下午5點以後，星期六下午1點以後（避免上課時間進入）

入場費 免費

電話 064-799-0515

附近觀光景點 곽지과물해변郭支海邊，한담해변韓潭海邊，테지움泰迪熊博物館，프시케월드 Psyche World，렛츠런파크Let's Run Park，새별오름曉星岳，금오름金岳，헬로키티아일랜드Hello Kitty Island

附近美食餐廳 비바라짬뽕VIVARI JJAMBBONG（中式），제주슬로비Jeju Slobbie（本土風味），키친후거Kitchen Hygge（丹麥料理），하얀성白色城堡（生魚片），더돈De-odon（烤肉），뚱딴지Ttungttanji（活魚福湯），아루요ARUYO（長崎炒碼麵），오크라OKRA（手作炸豬排），카페태희Café Tae Hee（Fish & Chips），몬스터Monster（吉拿棒），스티브트럭새우Steve's truck shrimp，밥깡패Bap Kkang Pae（義大利麵）

附近咖啡廳 리치망고Rich Mango（鮮芒果汁），살롱드라방SALON de LAVANT，CAMINO，앤디앤라라ANDY&LALA

///

濟州島週末的小確幸，
跳蚤市場

　　不知從何時開始，濟州島上的跳蚤市場日漸多了起來。每逢週末，不管在哪個區域，至少都會看到一兩處，逛逛跳蚤市場也很有意思。

　　每個跳蚤市場的特色不同，但賣的產品都沒有限制。可以看到工藝品、服飾、食品、旅行紀念品，還有文具和繪畫等，表達著青年藝術家個性的作品。一開始舉辦跳蚤市場的賣家，是以移民到濟州島的居民為主，但現在已經成為和濟州島島民一起分享的市集了，這是往日濟州島沒有的新文化。

　　其中有Belrong市集、善良的店舖、做一次市集和換麥芽糖吃市集等，名字各異且很有個性的市集。在濟州島生活，雖然可以經常逛這些市集，但因為種類繁多，各市集的日期不同，如果不記牢自己想去的市集，或者標記在行事曆上便很容易錯過。如今，跳蚤市場已經名聲大揚，很多觀光客是為了跳蚤市場而來的。把每個跳蚤市場的特色、日期和時間記下來，如果有時間就去一探究竟吧。

最早的藝術跳蚤市場：西歸浦文化藝術市場

　　作為濟州島最早的藝術跳蚤市場，會在每個週末（六、日）營業。得到西歸浦市的贊助而設有攤位，也為要去「仲燮藝術街」的觀光客們提供了值得一看的景點。這裡很符合文化藝術市場的名字，到處都是木工藝品、陶瓷、飾品等，賣家親自設計，具有文化藝術價值的商品。仲燮居住地、仲燮美術館和每日偶來市場聚集在一起，是一條觀光和美食連在一起的路線。如果時間充裕，可以選擇到「作家的散步路——烏托邦路（4.9km）」散步，這裡可以將濟州的大自然與繪畫、雕塑、設計、工藝作品盡收眼底。

地點　서귀포시 서귀동 이중섭거리 西歸浦市西歸洞 仲燮街
日期　週末（六、日）10：00～17：00　**電話** 064-760-2480
附近觀光景點　이중섭 문화거리李仲燮文化街，정방폭포正房瀑布，천지연폭포天地淵瀑布，서귀포유람선西歸浦遊船，서귀포 잠수함西歸浦潛水艇，쇠소깍 牛沼河口，외돌개 獨立岩，황우지해안黃牛地海岸，엉또폭포Eongtto瀑布
附近美食餐廳　귀포맛집 팔팔西歸浦美食餐廳88（精肉食堂，海鮮湯），쌍둥이횟집雙胞胎生魚片店，어진이네횟집魚珍之家生魚片店（水拌生魚片），천짓골식당CheonJitgol食堂（濟州島黑豬肉），진주식당珍珠食堂（道地傳統料理），관촌밀면關村小麥麵（餃子，小麥麵），새로나분식Saerona Snack（套餐），우정회센타友情生魚片中心（秋刀魚紫菜捲飯），네거리식당Negeori食堂（刀魚湯），삼보식당三寶食堂（道地傳統料理）
附近咖啡廳　카페드스웨이CAFÉ DU SWAY，테라로사TERAROSA，비농Banong

跳蚤市場的先驅：Belrong Jang（벨롱장）

　　Belrong市集是以移民到濟州島的居民為主的跳蚤市場，而且市集位於濟州島擁有最美海水的細花海岸。Belrong市集是眾多跳蚤市場裡地理位置最佳的風水寶地。濟州島方言「Belrong벨롱」原意是「一眨眼」，因為市集只從11點到1點短暫的兩個小時。近來，因為來逛市集的人增多了，結束以後還是會有一些賣家留下來。起初市集以「카페공작소咖啡工作所」為中心，設在前面的大馬路上，隨著規模的擴大，現在已經搬到細花港口了。跳蚤市場得以在整個濟州島隨處可見，這都要歸功於Belrong市集。作為最具人氣和名聲的跳蚤市場，開設時間固定在每週的星期六，對於觀光客而言，這的確是一個好消息。每個月會有一次變身成夜市，夜市開設的日期會透過網路提早公佈。

．．．

地點　세화포구 細花港口
日期　每週六 11：00～13：00（日期若是5日、10日的倍數，會與細花五日市集重疊，則會休息）
URL　http://cafe.naver.com/vellong
附近觀光景點　세화해변 細花海邊，바지림 榧子林，용눈이오름 龍眼岳，다랑쉬오름 大朗秀岳，월정리해변 月汀里海邊，김녕성세기해변 金寧海邊，김녕미로공원 金寧迷路公園

充滿文青氣息的市集：一閃一閃善良的店鋪（반짝반짝 착한가게）

　　位於涯月，擁有翠綠草地院子的咖啡廳「HARU HANA하루하나」。這裡因住著天后李孝利而聲名大噪。此外，她參與出售自己種植的大豆而出名。善良的店鋪分為藝術市集、農夫市集和二手市集，分別出售親自製作的工藝品，自己動手栽培的農產品以及二手服飾等。

⋯⋯

地點　제주시 애월읍 장전리 201-1 하루하나 카페 濟州市涯月邑長田里201-1號 HARU HANA CAFÉ
日期　每個月透過官網公佈日期，時間為11：00～14：00　　**入場費**　免費　**電話**　070-7788-7170
URL　http://haruhana.me
附近觀光景點　곽지과물해변 郭支海邊，한담해변 韓潭海邊，테지움 泰迪熊博物館，프시케월드 Psyche World，렛츠런파크 Let's Run Park，새별오름 曉星岳，금오름 金岳，헬로키티아일랜드 Hello Kitty Island，더럭분교 多樂本校
附近美食餐廳　비바라짬뽕 VIVARI JJAMBBONG（中式），제주슬로비 Jeju Slobbie（本土風味），키친후거 Kitchen Hygge（丹麥料理），하얀성 白色城堡（生魚片），더돈 Deodon（烤肉），뚱딴지 Ttungttanji（活魚福湯），아루요 ARUYO（長崎炒碼麵），오크라 OKRA（手作炸豬排），카페태희 Café Tae Hee（Fish & Chips），몬스터 Monster（吉拿棒），스티브트럭새우 Steve's truck shrimp
附近咖啡廳　리치망고 Rich Mango（鮮芒果汁），살롱드라방 SALON de LAVANT，까미노 CAMINO，앤디앤라라 ANDY&LALA

美麗的河川環林道旁：做一次市集（한번해보장）

　　沿著松堂里事務所旁邊的河川環林道，可以遇見濟州島東邊中山間的跳蚤市場。該市集是位於松堂里的商品設計品牌1300K與松堂村共同舉辦的。1300K是銷售設計商品的商家，在全國設有分店。但濟州島松堂里的1300K，只販售濟州島的觀光紀念品。

. . . .

地點　제주시 구좌읍 중산간동로 2210 송당리 사무소 옆 하천길 濟州市舊左邑中山間東路2210號 松堂里事務所旁邊的下川路　**日期**　5～10月 每月最後一個星期日11:00～14:00　**電話**　064-782-1305
URL　www.facebook.com/jeju1300k
附近觀光景點　세화해변 細花海邊，제주해녀박물관 濟州海女博物館，메이즈랜드 迷路公園，바지림 榧子林，용눈이오름 龍眼岳，다랑쉬오름 大朗秀岳，월정리해변 月汀里海邊，김녕성세기해변 金寧海邊，김녕미로공원 金寧迷路公園
附近美食餐廳　다래향 多來香，명진전복 明進鮑魚（鮑魚石鍋飯），재연식당 才然食堂（定食），평대스낵 PyeongDae Snack（辣炒年糕，炸物），알이즈웰 aal is well（義大利麵），담 Dam（清麴醬），부농 富農（在地料理），라마네의식주 Ramane（米線，越式法國麵包）
附近咖啡廳　1300K+에코브릿지커피 1300K Eco Bridge Coffee，구좌상회 舊左商會，풍림다방 風林茶坊，Jeju in aA，바보카페 Babo Café，바다는 안보여요 看不見海，카페동네 Café DongNe，월정리로와 Wol JeongRi RoWa，조끌락카페 jjokkeullak café，산호상점 珊瑚商店

陶瓷器環保市集：Damhwahun Marche（담화헌 마르쉐）

　　Damhwahun Marche是設在陶藝工坊兼器皿咖啡廳Damhwhun的跳蚤市場。因為地點是製作甕器的地方，因此跳蚤市場的氛圍也更接近大自然。Damhwahun Marche只招募銷售環保產品，親自栽培的蔬果，非工藝品而是自己動手製作的，有著明確出處產品的賣家。

地點　제주시 축산마을북길 55 제주숨옹기 담화헌 濟州市畜產村北路 55號 濟州SUM甕器 Damhwahun
日期　每月第三個星期的星期六 11:00～15:00
電話　064-744-9636
附近觀光景點　신비의도로 神奇的道路，동문시장東門市場，아라리오뮤지엄ARARIO MUSEUM，이호테우해변 湖海邊，한라수목원漢拏樹木園，넥슨컴퓨터박물관Nexon Computer Museum
附近美食餐廳　도두해녀의 집 Dodu海女之家（水拌生魚片，海膽拌飯），순옥이네명가舜玉名家（水拌生鮑魚），개원 開園（中華料理），자매국수 姊妹麵條（肉醬麵），은희네해장국 恩熙家解酒湯，우진해장국 友珍解酒湯（蕨菜牛肉湯），동문시장 東門市場（光明食堂，珍亞年糕店），앞뱅디식당Apbaengdi食堂（醬煮魚），신설오름 SINSULORUM（馬尾藻湯），화성식당 火城食堂（排骨湯），돌하르방식당 多爾哈魯邦食堂（深海魚湯），돈사촌 豚四村（豬肉料理）

擁有廣闊草地的廣場：Dongdeure Jang（동드레장）

　　濟州方言「동드레장」的意思是「東邊的市集」，市集設在位於涉地可支的鳳凰島Phoenix island上。主辦方為賣家準備了桌子和椅子，因為不收取費用，所以參加的人數相當多。開設市集的草地非常寬廣，時而會有表演，全家人一起來逛逛也很適合。

．．

地點　휘닉스 아일랜드 앞 잔디밭 Phoenix Island 前的草地
日期　每月第一個星期日 11:00～15:00
電話　064-731-7929
URL　http://cafe.naver.com/eastmarket
附近觀光景點　광치기해변 廣崎其海邊，성산일출봉 城山日出峰，우도牛島，섭지코지 涉地可支，아쿠아플라넷 Aqua Planet水族館，지니어스로사이 Genius Loci，해녀박물관海女博物館
附近美食餐廳　월라라 Willala(Fish&Chips)，새벽숯불가든 黎明炭烤花園（豬肉），맛나식당 好食食堂（醬煮青花魚），남양수산 南洋水產（島民生魚片店），가시아방 加西亞房（肉燥麵條，濟州島黑豬肉），고성장터국밥 固城市集湯飯（血腸湯飯），옛날옛적 古日古昔（濟州島黑豬肉）
附近咖啡廳　코지카페Cozy Café，성산읍코지리城山邑可支里，카페배알로Café Beallo

市中心的跳蚤市場：Mang Geur Eong Pol Jang（멩글엉폴장）

　　Mang Geur Eong Pol Jang是位於中心地帶，七星路上的文化咖啡廳Space What開設的。起初是為了發揚濟州文化的三位當地女店長，經營這家咖啡廳使用了傳統的濟州方言創辦市集。「멩글엉폴장 Mang Geur Eong Pol Jang」的意思是「出售手作商品的市場」，在這裡的賣家被稱作「폴러Polreo」。濟州島的購物街七星路和東門市場相鄰，購物的時候也可以一起逛逛。

地點　제주시 중앙로 5길 4 문화카페 왓집 濟州市中央路5街 4號 文化咖啡廳Space What
日期　매월 第三個星期的星期日14:00～18:00　**電話**　064-755-0055
URL　http://cafe.naver.com/spacewhat
附近觀光景點　동문시장東門市場，아라리오뮤지엄ARARIO MUSEUM，이호테우해변 湖海邊，한라수목원漢拏樹木園，넥슨컴퓨터박물관Nexon Computer Museum
附近美食餐廳　도두해녀의 집 Dodu海女之家（水拌生魚片，海膽拌飯），순옥이네명가舜玉名家（水拌生鮑魚），개원 開園（中華料理），자매국수 姊妹麵條，은희네해장국 恩熙家解酒湯，우진해장국 友珍解酒湯，동문시장 東門市場（光明食堂，珍亞年糕店），앞뱅디식당Apbaengdi食堂，신설오름 SINSULORUM（馬尾藻湯），화성식당 火城食堂（排骨湯），돌하르방식당 多爾哈魯邦食堂（深海魚湯），돈사촌 豚四村
附近咖啡廳　A Factory Café，문화카페왓집 文化Space What，먹쿠슬낭여행자카페 Premium shop & gallery café（紀念品，蘋果芒果冰），제니의 정원 Jenny's Garden，알라스카인제주 Alaska in Jeju

一起玩樂的遊戲市集：Sorang Jang（소랑장）

　　位於法還港口的Sorang Jang是土生土長的島民和移民到島上的居民相互融合的市集。透過和當地居民一起創辦的遊戲市場，銷售中古商品、手作商品和自家種植的農產品等。不需要申請，也沒有什麼特別的規定，人人都可以參與。但是，以收益或宣傳為目的的企業是不允許參加的。

地點　법환포구 제스토리 카페 法還港口 Je Story Cafe

日期　每個月第二、四週星期五 11:00～16:00

電話　064-738-1134

附近觀光景點　이중섭 문화거리 李仲燮文化街，정방폭포 正房瀑布，천지연폭포 天地淵瀑布，서귀포유람선 西歸浦遊船，서귀포 잠수함 西歸浦潛水艇，쇠소깍 牛沼河口，외돌개 獨立岩，황우지해안 黃牛地海岸，엉또폭포 Eongtto瀑布

附近美食餐廳　서귀포맛집 팔팔 西歸浦美食餐廳88（精肉食堂，海鮮湯），쌍둥이횟집 雙胞胎生魚片店，어진이네횟집 魚珍之家生魚片店（水拌生魚片），천짓골식당 CheonJitgol食堂（濟州島黑豬肉），진주식당 珍珠食堂（道地傳統料理），관촌밀면 關村小麥麵（餃子，小麥麵），새로나분식 Saerona Snack（套餐），우정회센타 友情生魚片中心（秋刀魚紫菜捲飯），네거리식당 Negeori食堂（刀魚湯），삼보식당 三寶食堂（道地傳統料理），자매국수 姊妹麵條

附近咖啡廳　카페드스웨이 CAFÉ DU SWAY，테라로사 TERAROSA，비농 Banong

跳蚤市場的店舖

밥숟가락 BOB SPOON

濟州島大靜邑武陵里的洋蔥，舊左的紅蘿蔔，西歸浦孝敦柚子做成的橘子果醬和果膠等，無添加凝膠化劑，只將果肉和果皮以白砂糖醃製。為了有效利用受到價格影響的農產品，在BOB TABLE開發設計成果醬。

비치코머, 메오 Beachcomber, Me O

拾起被海浪席捲來的，在太陽下磨損的「大海樹枝」，製作成風鈴。掛著保留著濟州記憶的火山石、貝殼和石頭等，風鈴讓我們用眼睛可以看到濟州的風。利用在濟州各地收集的天然貝殼和樹枝來表達濟州的風，貝殼的顏色太過鮮明，彷彿像是塗抹了顏色一樣。但是如果使用了光澤劑的話，就會失去自然的美感，所以絕對不會使用這些人工材料，只是利用材料本身來進行製作。

모습공방 MOSEUB

在HARU HANA有一隻吸引人們視線的人偶。與平日裡照片上看到的艱辛勞苦的海女不同，海女人偶有一副悠閒的表情和姿態。看著和海鷗一起坐在岩石上吹著海螺笛子的胖嘟嘟海女人偶，彷彿重拾了童心。抱著捕魚網的海女人偶，彷彿置身大海中一樣。除此之外，還有貓、馬、珊瑚、陶瓷人偶等，代表著濟州的作品。

Taste Brown

　　葛衣是在濟州島工作時穿的工作服，也是可以在平時穿的衣服。葛布天然染色，給人一種時尚感。Taste Brown是間利用葛布設計出錢包、陽傘、包包、和帽子等時尚用品的品牌。以年輕的感官現代式設計，搭配其它顏色的材料增添特色。

Bada Sseugi 바다쓰기

　　專修西洋畫的金智環在濟州島的海邊使用漂流木Driftwood做出了許多作品。像這樣利用生活中的廢棄物做出的藝術作品稱為是Junk Art。Bada Sseugi的木頭工藝作品，在任何人的眼裡都可以看得出它是利用垃圾等廢棄物品製作出來的。但作者的手藝、簡單配色、看起來有些單薄卻又精巧的釘子技術，這些結合在一起成為了蘊含著大自然的裝飾物品，這是環境保護和藝術文化並存的作業。

以濟州島為主題的地圖相框，Draw cat

　　如果是完整經歷過濟州島四季變化的人，看到這些插畫時，便會很自然的分辨出濟州的春夏秋冬。春天加時里荒蕪的原野上，到處長滿了蕨菜，月領里仙人掌村子的黃花，被海風一吹會長成白蓮草。竹林裡穿梭的獐鹿、山茶花、柳杉樹和蕨菜等，象徵著濟州島的大自然，都製作成了油畫布相框。

濟州當地樂團
South Carnival，
融合濟州方言和Ska Music！

South Carnival logo
設計：Zioon

　　「Ska」是源起牙買加的雷鬼音樂，聽的時候身體也會不自覺的跟著扭動起來。South Carnival在Ska中加入了濟州方言與文化，組合成了濟州島式Ska Music的9人樂隊。聽South Carnival的音樂會分不清到底是外國歌還是本國歌，因為是用濟州方言創作的歌曲。

　　但不追究詞義也是可以充分產生共鳴的，是人人都可以接受的音樂。像是外語一樣的濟州方言配上雷鬼節奏，會讓人忍不住想要跟著哼唱。聽起來像是遙遠南國的牙買加節奏，也和韓國的情調極為融洽。

　　這是我生活在濟州島，無意間聽到的音樂，我自己一個人聽太可惜了，所以想介紹給大家。在暖和的南邊小島——濟州島兜風的時候，享受閒情雅緻的同時，聽聽輕快的音樂，打開車窗，用五感來享受濟州吧。

一年看見四次真實的濟州，
濟州雜誌 iiin

　　大部分旅人都不會留意的濟州島當地生活，透過全新視野展現出來的季刊雜誌——iiin。這是「I'm in island now」開頭字母的縮寫。即「在濟州島」的意思。在濟州島「〜 (IN)」是經常會使用的話，「집에 인?」是問「在家嗎」，「사과인!」是問「有蘋果嗎」。iiin的意思除此以外，因為使用的人不同還會有很多不同解釋。

　　訂閱雜誌iiin的人非常多，像是熱愛濟州的人們、瞭解濟州的人們、想要移民來濟州島的人們，搬到濟州島，想要像土生土長的島民一樣生活的人們，以及真正的當地人。雜誌iiin中，有名的觀光景點或旅行路線等訊息並不多，一般大家都知道的內容，雜誌裡幾乎是看不到的。「比想像中的還要超乎想像」的廣告語，用在真實的濟州雜誌iiin上，真是太適合了。iiin是這麼具有原創性，也是獨一無二的濟州島雜誌。

　　站在展現本質的角度上，雜誌iiin非常符合現代的主流趨勢。大家不再需要那種在任何地方都可以得到的訊息，而是希望可以聽聽真實濟州島的故事。創刊號刊登的「蕨菜之路」正是因此而成為熱門話題。以外地人的角度來看，濟州的春天可以用油菜花來代表，但在濟州島實際生活的話，春天的話題應該是蕨菜。濟州島的春天，是一個迎著清晨露水去採摘蕨菜，下午回來煮好再曬乾，是一個十分忙碌的季節。濟州島流傳著，父母挖蕨菜的寶地連自己女兒都不能說的傳言，說明媽媽們要靠自己的經驗才能發現一處屬於自己的秘密基地。雜誌iiin正是以這種不在濟州島生活，便不會知道的角度，展現出濟州島神秘的一面。

　　雜誌iiin是以只有瞭解了季節才能充分享受濟州島為出發點而創刊的，即便是時隔一年後，再翻看同一個季節的iiin時，還是會讓人感到很有趣。適合到海邊玩的夏天，雜誌的主題是海女和大海，圍繞著大海可以看到很多的故事。秋季號的主題是豐收，冬季號的主題是風，像這樣雜誌iiin從人文的角度包攬了濟州島的文化、濟州島島民的故事、不曾被瞭解的濟州島、持續發生著變化的濟州島。新開的酒吧、美味的早午餐咖啡廳等潮流新文化，都可以一覽無遺，這也讓居住在島上的人民急需掌握的第一手情報。iiin在濟州島50多個咖啡廳、餐廳、民宿、商店等銷售。一般韓國定價為6千韓元，僅在濟州島內售價5千韓元。

山丘

—

Inspiration from Jeju

心動濟州 02

和村子的後山差不多的濟州島山丘，在幾年前還沒有像現在這樣受到矚目。偶來小徑的出現才讓人們重新認識了濟州，對山丘的深度熱愛，使得這些地方成為人氣景點，就此改變了遊玩濟州的版圖。若想體驗真正的濟州旅行，推薦走一走山丘。在觀光客之間，風景如畫，男女老少都可以輕鬆前往，有完善管理及規劃的山丘最受歡迎。

大自然塑造出的巨大山城，
城山日出峰

///

城山日出峰的城山位於火山口邊緣，尖利的峰頂好像城堡一般，因此得名。在Gwang chi gi海邊（광치기해변）望過去，就像大自然造出的一座城。「城山日出峰」如同它的名字一樣，到峰頂觀賞日出真的非常壯觀，走走停停到達山頂只需30分鐘左右。因為要爬很高的階梯，太小的小孩或者膝蓋不好的人，也可以在山下的Gwang chi gi海邊（광치기해변）欣賞，依然很滿足。城山日出峰還有一處好景點，就是日出峰下面的U mut gae海岸（우묵개해안）開設的海女採集表演。海女婆婆們一邊唱著歌「이어도사나」一邊走向大海去捉章魚和鮑魚的樣子，可以近距離欣賞的特別表演。每天演出兩次，分別是下午一點半及三點整。

地點 서귀포시 성산읍 일출로 284-12 西歸浦市城山邑日出路 284-12號
費用 成人2000w，青少年及兒童1000w
開放時間 日出前一小時開始到日落後一小時。
電話 064-783-0959

將濟州山丘魅力盡收眼底，**龍眼岳**

///

龍眼岳可以將周圍的百藥岳、高岳、大郎秀岳等其它山丘的魅力盡收眼底。因為位於中間的火山口，就像是龍睡覺的地方，因此有了龍眼岳之名。天氣晴朗的時候，不但可以看到漢拏山，還可以看到牛島和城山日出峰。這裡因在電影和電視裡出現而出名，不陡峭的山脊可以讓男女老少輕鬆地行走。龍眼岳下面建有自行車道，可以一邊騎車一邊欣賞山丘的景色和放牧的牛群。龍眼岳沒有樹林，所以建議在日落前的下午，或是早晨前往。這裡也是韓綜「超人回來了」人氣三胞胎到訪過的景點喔！

....

地點 제주시 구좌읍 종달리 산 28 濟州市舊左邑終達里山28號
附近觀光景點 세화해변 細花海邊，제주해녀박물관 濟州海女博物館，메이즈랜드 迷路公園，바지림 榧子林，다랑쉬오름 大朗秀岳，월정리해변 月汀里海邊，김녕성세기해변 金寧海邊，김녕미로공원 金寧迷路公園

超出期待的絕美禮物，群山岳

///

　　位於山房山和中文中間的群山岳，是一處開上山便可以看盡漢拏山、中文海水浴場、山房山、松岳山、加波島、馬島以及水月峰的濟州島西南邊上的景點。位在海邊因此景色絕美，安德溪谷方向的路也可以通行，只要步行5分鐘便可抵達山頂。如果天氣晴朗，漢拏山的山頂也可以遙望的很清楚。可以很容易的登上群山岳的山頂欣賞美景，觀賞日落的美麗夕陽，為旅行留下美好的回憶。

....

地點 제주특별자치도 서귀포시 안덕면 창천리 564 濟州特別自治道西歸浦市安德面倉川里 564號

附近觀光景點 중문색달해변 中文色月海邊，중문대포주상절리 中文柱狀節理，천제연폭포 天帝淵瀑布，테디베어뮤지엄 Teddy Bear Museum，여미지식물원 如美枝植物園，믿거나 말거나 뮤지엄 Ripley's Believe It or Not! Jeju，군산오름 群山岳

附近美食餐廳 덤장 Deomjang（在地料理），꽃돼지연탄구이 花豬炭火烤肉（豬肉），신라원 新羅園（馬肉），돌하르방밀면 多爾哈魯邦小麥麵

附近咖啡廳 타벅스STARBUCKS，투썸플레이스 Twosome Place.

一覽無遺的美麗田地風光，**簞山**

///

　　濟州島上有粗圓形狀的火山口，和許多平緩連綿的山丘。但簞山的模樣與濟州的其它山丘感覺可是完全不同的。簞山被稱作「破軍峰」，因為它的山脊鋒尖，像是蝙蝠展開的翅膀一樣。登上簞山可以一覽漢拏山、山房山、加波島以及馬島，但比起這些，位於簞山腳下的田地才是觀賞重點。耕種高麗菜、白蘿蔔和青花菜的田地不同，所以顏色也不一樣，從高處俯視的時候，會讓人聯想到方形格子的布料。黑色的田地石牆把田地區分開，景色十分美麗，從高處觀望時更加感動。

. . . .

地點　제주특별자치도 서귀포시 안덕면 사계리 濟州特別自治道西歸浦市安德面沙溪里

附近觀光景點　송악산 松岳山，용머리해안 龍頭海岸，마라도 馬羅島，마라도 잠수함 馬羅島潛水艇，서귀포 김정희 유배지 西歸浦金正喜流放地，오설록 Osulloc，이니스프리 제주하우스 Innisfree Jeju House，환상숲 幻想林，가파도 加波島，제주항공우주박물관 Jeju Aerospace Museum

其它
值得到訪的
山丘

///

+ 小朋友容易攀登的山丘

01. 沙羅峰　別刀峰 櫻花盛開的季節最美，兩座山丘並肩，俯視可以看到濟州港口，白天景色宜人，夜景也很有名。

02. 道頭峰 位於機場旁邊，可以看到機場跑道和海景。

03. 曉星岳 作為年初野火節的山丘，夏天的宜人景色不用多說，秋季的蘆葦更是必踩景點。

04. 金岳 滑翔傘的好地點，可以開車前往，可以瞭望到濟州島西邊的大海和漢拏山。

05. 楮旨岳 適合和小朋友一起攀登，沿途風景優美。

06. 亞父岳　小月朗岳 小朋友步行10分鐘左右便可以抵達山頂的小山。

07. 多羅非岳 山脊優美的山丘，是一定要在蘆葦茂盛的秋天攀登一次的山丘。

08. 瀛洲山 俯視可以看到城邑村，沿著木頭階梯一路走下去，可以遇到自由自在放牧的牛群。

09. 大朗秀岳 與小月朗岳對望的山丘，杜鵑花盛開的季節十分美麗，與多羅非岳並稱為山丘的女王。登頂大概需要20分鐘左右的時間。

10. 拒文岳 登錄聯合國教科文組織世界自然遺產，需要預約，每星期二休息。攀登時有解說員同行，共有三條路線可供選擇，攀登需要1～3個小時左右。

+ 稍有些難度，但風光絕佳的山丘

01. 高丘山 登頂需要1個小時以上的時間，是有一定高度的山丘，站在山頂可以感受到漢拏山近在咫尺。

03

The architectures of Jeju

與濟州同在的
建築巨匠

雖然在其它的旅遊書中也介紹過這些世
界級建築巨匠們的建築作品,但在此書
中我會更深入的進入他們的作品世界
裡,其中也包含了我個人看到和感受到
的內容。這裡絕大部分的建築都與大自
然相結合,這也是到濟州島遊玩、欣賞
的首要景觀之一,但如果是喜歡建築或
對博物館感興趣的話,不妨到處走訪看
看,享受難得的療癒時光。

窮人的美學，**承孝相**

　　承孝相先生，現在是首爾特別市的總建築師兼「履齋」建設公司的代表，設計了有守拙堂、守白堂、故盧武鉉總統墓域及坡州出版園區等建築的韓國建築界巨匠。

　　承孝相以「窮人的美學」建築哲學而著名。這裡提到的「窮人」是指懂得窮苦的人，比起擁有更懂得如何使用，比起獲得更在乎去分享，比起填滿更懂得捨得，知道這些的重要以及懂得美德的人們。「窮人的美學」建築哲學的開端要追溯回承孝相的童年。他是一名「脫北者」從北朝鮮作為難民逃到南韓時，一家八口人擠在一個屋子裡的童年記憶，成為了他走上建築人生的基石。

　　承孝相大學畢業以後，就在被譽為韓國現代建築「空間」先驅者的金壽根老師身邊學習了12年。期間他因為徬徨不定也曾離開過一段時間，光州民主化運動以後，他對國家感到失望，便出國留學。在留學期間，受到阿道夫路斯（Adolf Loos）的影響，覺悟到建築師在成為藝術家以前，首先要先成為知識份子，這使得他做出了回國的決定。他在金壽根老師去世以後，遵照老師的遺言以「空間」的代表身份經營了公司3年，經歷了一段艱苦的歲月。

　　突然有一天，他在慶州月亮村（Poor hillside village）狹小簡陋空間裡，讓他回想起自己的年幼時光。在那裡，他找到了美感，從那時起，他走遍了首爾市所有的月亮村，並加以研究。最後得以完成了「窮人的美學」，這也成為了他一生的建築哲學。

　　他提出建築本身就是反自然的，因此為了持續可能的生存，建築的責任不是抹掉過去的痕跡，重新塑造新事物，而是應該把時間和文化的痕跡延續給下一個世代，他呼籲建築師們應當勇敢去說服與公共利益相反的建築商，要有提出反對意見的勇氣。

　　承孝相如願以償，在成為一位建築師以前，成為了領導這個時代的知識份子。

與大自然對話，**伊丹 潤**

　　水中倒映的藍天和白雲，風聲和那飄動的蘆葦，還有石頭……與大自然融為一體的建築物，這正是位於漢拏山間的世界級建築師伊丹潤作品。把大自然與人，自然地連結在一起的建築，因為藝術性和獨特性也吸引了不少的遊客。

　　伊丹潤（庾東龍）是一位日僑建築師。他出生在日本，有日本名字並在日本工作。但他沒有入日本籍而是手持韓國護照，以韓國人的身份在日本生活。他熱愛韓國的傳統和自然，濟州島則是他心中的第二個故鄉。他在濟州島設計的建築有BIOTO-PIA內的水風石博物館和DUSON博物館，以及方舟教會和PODO HOTEL等。他設計的建築與濟州的自然融為一體，達到了藝術的頂峰，並受到了業界的讚譽，這在他建築生涯中畫下了最為重要的一筆。

　　在設計建築時，伊丹潤最為重視的是人、自然、風土、景觀及文化等與周圍環境的融合。他提出在尋找建築的形態時，要把這些放入空間裡深思熟慮，絕對不可違抗自然，他與大自然對話並完成了許多溫馨建築。

歲寒圖的現代式解析，
秋史紀念館

　　近來濟州島成為了人們憧憬嚮往居住的小島，但在過去濟州島是座有著凶險歷史的小島。60多年前這裡發生過殘忍的濟州四三屠殺事件；過去日本軍曾破壞濟州自然和強制島民做奴役，濟州島還被稱作流配地遭到蔑視與歧視，以及長期被掠奪的歷史和蒙古軍的侵略等，可以說沒有一個時期是物阜民豐天下太平的。

　　期間，朝鮮時代的濟州島是免除死罪的犯人發配邊疆的地區。島上最為凶險荒涼的「大靜邑」一帶，正是秋史金正喜**註**的流放地。

　　秋史金正喜流配到濟州島的9年時間裡，關在屋子裡不見天日。傳言在漫長的流配歲月裡，他磨盡了10個硯台，用禿了1000隻毛筆。在那痛苦的時間裡，誕生的著作正是如同濟州島狂放的大自然一般的秋史體和廣為流傳的歲寒圖。如果到西歸浦大靜邑秋史流配地，便可以看到好像是從歲寒圖裡原封不動搬出來的現代建築。該建築正是韓國著名建築師承孝相設計的秋史紀念館。

註 金正喜(1786～1856)朝鮮李朝金石學家、詩人。字元春，號秋史、阮堂、禮堂。生於忠清南道禮山郡貴族家庭。金正喜因捲入了朝鮮王朝高層的黨派之爭，並最終在1840年被流配到離濟州島80哩的「大靜邑」。

歲寒圖上畫的房屋最大的特徵是圓形大門。秋史紀念館將這一特徵設計成圓形的窗戶，讓過去與現在自然融合。考慮到秋史館周邊的文化遺產大靜邑城的城牆和流放地茅廬規模，設計師還栽種了一些不明顯的樹木。保留過去曾是流配地的特徵，盡最大可能利用了地下空間，地上的設計則更顯現出簡樸氛圍。

　　秋史紀念館的參觀路線，先從地下室的展覽空間，然後通過秋史洞走到地上來。秋史半身像的地方設有追悼空間，走出來可以參觀秋史謫居址。秋史追悼空間去除了所有裝飾，混凝土的牆壁和天棚，可以感受出秋史的與世無爭。外牆的主要材料選擇了玄武岩及木材，考慮到要與週圍的景觀相互協調，環繞建築栽種的是濟州島品種之一茅草，顯現了當地特色風光。秋史紀念館的一側，有一顆彷彿從歲寒圖中搬移出來的松樹。此外，過去曾出現在流放地周圍的枳樹和秋史喜愛的茶樹也都栽種在此處，這不得不讓人佩服造景設計的細膩周到。

地點　서귀포시 대정읍 추사로 44 西歸浦市大靜邑秋史路44號

開館時間　09:00〜18:00（17:30禁止入場）

入場費　成人500w，兒童300w，未滿6歲免費

電話　064-794-3089

URL　http://chusa.seogwipo.go.kr

附近觀光景點　송악산 松岳山，용머리해안 龍頭海岸，가파도 加波島，마라도 馬羅島，마라도 잠수함馬羅島潛水艇 초콜릿박물관 巧克力博物館，산방산 山房山，산방산 탄산온천 山房山碳酸溫泉， 오설록 Osulloc・이니스프리 제주하우스 Innisfree Jeju House，환상숲 Hwansang Forest，유리의 성 玻璃之城，제주항 공우주박물관 濟州航空宇宙博物館

附近沒事餐廳　산방식당 山房食堂（小麥麵），하르방밀면 哈魯邦小麥麵（海螺刀切麵），부두식당布頭食堂（醬煮刀魚，魴魚生魚片），덕승식당 德勝食堂（醬煮刀魚）옥돔식당 Okdom食堂（海螺刀切麵），홍성방 HongSungBang（炒碼麵），비스트로이안스 Bistro ian's（義式料理），젠하이드어웨이 제주 Zenhideaway Jeju（義大利麵），남경미락 남경미락 南京美樂（生魚片）

附近咖啡廳　스테이워드커피 Staywithcoffee，Salon de 소자38 Salon de soja38，웬드구니 wendkuni，나비정원 蝴蝶庭院，물고기카페 Mulgogi café，레이지박스 Lazy Box

5位大師的獨特設計，
樂天藝術渡假村

　　濟州島西歸浦市漢拏山的山腰上，有可以將海景盡收眼底的高級別墅區。揚名海內外的著名設計師承孝相、多米尼克•佩羅（Dominique Perrault）、李鍾昊、隈研吾（Kengo Kuma）、DA Global Group等，以濟州的大自然為主題設計的樂天藝術渡假村。

　　樂天藝術渡假村，將用地分成五個區塊，由設計師們各自獨立設計，因此設計概念和感覺都各不相同。其中最大規模A區和社區中心由承孝相負責，他還負責規劃整體概念以達到協調，以及樂天藝術渡假村總體規劃的諮詢工作。

　　A區的住房設計將漢拏山和濟州前海保持在同一條水平直線上，運用了節制且簡潔的設計。開放式的結構可以瞭望到前方的大海和後方的漢拏山，絕佳的自然採光效果，在視覺上給人一種廣闊的開放感。裝飾盡可能的減少和單純，以此突顯周圍濟州島的自然風貌。外部建材採用了濟州石和混凝土，內部的室內裝潢以簡單的風格和白色的牆壁為主，既不混淆視線也能恰到好處的欣賞到窗外的自然風光。

地點　서귀포시 색달중앙로 252번지 124 西歸浦市色月中央路252街124號

電話　064-731-9111

URL　http://www.lottejejuresort.com

附近觀光景點　중문색달해변 中文色月海邊，주상절리 柱狀節理，천제연폭포 天帝淵瀑布，테디베어뮤지엄 Teddy Bear Museum，어미지식물원 如美枝植物園，믿거나 말거나 뮤지엄 Ripley's Believe It or Not! Jeju，군산오름 群山岳

附近美食餐廳　덤장 Deomjang（在地料理），꽃돼지연탄구이 花豬炭火烤肉（豬肉），신라원 新羅園（馬肉），돌하르방밀면 多爾哈魯邦小麥麵

與大自然一起呼吸的建築，
隈研吾的「濟州球Jeju Ball」

　　隈研吾不僅在日本和韓國享有盛名，也是得到世界級肯定的著名設計師。比起永恆的建築，他更追求能與自然共同呼吸生存，存在「壽命」的建築。隈研吾使用的建材多為木頭、水、石頭、竹子、泥磚和紙等，展現了親近自然的理念，也因此被稱為「弱建築論」。一般情況下，現代建築的外部都會採用不會變質且堅固的建材，與之相反的，隈研吾的建築物整體會以木材收尾。安藤忠雄追求的也是與自然相互融合的建築，從這點來看隈研吾領先他一步想到了更長遠的未來。韓國的代表設計師承孝相也提出過建築本身就是違反自然的事實。建築物一旦完工，便無法輕易地拆毀，因為混凝土和鋼筋等建材無法成為與大自然共存的物質。

　　位於西歸浦的樂天藝術渡假村是為上流社會而建的高級渡假村。承孝相、多米尼克‧佩羅、李鍾昊、隈研吾等5位世界著名的設計師各自負責設計，受到了外界的矚目，以各自設計的方式完成的五個區塊聚集在一起，完成了更接近藝術作品的住宅村。

其中，在隈研吾設計的D區可以看出他的建築哲學。讓人聯想到濟州的山丘，如同「濟州球Jeju Ball」的名字一樣，從遠處看更像是一個圓形的球體。走近建築時，表面可以看到小塊黑色的石頭，該建築給人一種建築彷彿是大自然的一部分的感覺。隈研吾提到初次到訪濟州島時，玄武石的柔和與形態給了他設計的靈感，並將此反映在建築上。將濟州島石頭的自然特點運用在建築物的外觀上，內部則使用格子紋路的原木和玄武石的設計，既原始又現代。

他在中國設計建築時會在外觀上加入竹子，在濟州島則選用了石頭。選擇當地容易找到看到的建材巧妙地運用，不但更貼近了大自然也節約了經濟，更加反映了地區的整體性，這正是隈研吾的建築哲學。

地點 　서귀포시 색달중앙로 252번지 124 西歸浦市色月中央路252街124號

電話 　064-731-9111

URL 　http://www.lottejejuresort.com

附近觀光景點 　중문색달해변 中文色月海邊，주상절리 柱狀節理，천제연폭포 天帝淵瀑布，테디베어뮤지엄 Teddy Bear Museum，여미지식물원 如美枝植物園，믿거나 말거나 뮤지엄 Ripley's Believe It or Not! Jeju，군산오름 群山岳

附近美食餐廳 　덤장 Deomjang（在地料理），꽃돼지연탄구이 花豬炭火烤肉（豬肉），신라원 新羅園（馬肉），돌하르방밀면 多爾哈魯邦小麥麵

水、風、石頭、天空的合奏，
BIOTOPIA

　　西歸浦市安德面有一個叫做「BIOTOPIA」的村子。BIOTOPIA是以「自然和人類的共存」為主題，建築包括了單獨住宅和聯建住宅，貼近大自然的渡假住宅園區。BIOTOPIA村子裡的水、風、石、DUSON博物館都是伊丹潤設計師的作品。曾經博物館只限開放給BIOTOPIA的居民，以及PODO HOTEL的房客和有預約BIOTOPIA餐廳用餐的客人，但現在已經對外開放，只要透過網路提早預約，便可以搭乘區間車參觀了。可惜的是博物館一天只對外開放兩次，但比起要支付高價的用餐費和住宿費，現在只要付入場費就可以看到伊丹潤的建築了，對希望親眼目睹伊丹潤設計的人來講，這不失為一個好消息。

　　水、風、石博物館是以濟州島的水、風、石頭為主體的博物館，它有別於其他的博物館。內部沒有展示任何的美術作品，跟隨著美術館的名字，分別可以看到以水、風、石頭為主體的作品。

　　水博物館裡，水中倒映的天空隨著光照的角度不同，可以欣賞到不同的天空。水中投影的濟州天空是水博物館裡的主題作品，在這裡盡情的享受這天空、水和風的合奏吧！

　　風博物館是採用木材建造的建築，整體建築有數不清的縫隙。在這裡可以感受從縫隙裡吹進來的風。不要只用眼睛看，用鼻子深呼吸，用耳朵去傾聽，用身體去感覺，這是該博物館極具特色的觀覽法。集中注意力在風聲中慢慢地走到盡頭，坐在石椅上，閉上眼睛可以聽見在博物館裡流動的風聲。

　　石博物館，從屋頂的洞照射進來的光線角度，為博物館帶來不同的感覺。DUSON 地中博物館，正如名字一樣，像是兩隻手合掌祈禱一般，伸向地中（地下）。面向山房山祈禱一樣的兩隻手的空隙有光照的效果，其後方也有一個大的採光區，所以無需照明也不會覺得暗。

　　水、風、石博物館，雖然沒有展示品，但像這樣與自然共存的瞬間，成為了美術作品，完成了一座建築物。很多人被伊丹潤的博物館所感動，正是因為所有的感官都被啟動了，感受到了大自然的體驗。

．．

地點　제주특별자치도 서귀포시 안덕면 산록남로 762번길 79濟州特別自治道西歸浦市安德面山鹿南路762街79號 BIOTOPIA Community Center

觀覽時間　夏季（3～10月）13:30，16:30 / **冬季（11～2月）**13：30，16：00

　　　　　*平日每天開放參觀2次，週末公休日停止開放（預約制）

　　　　　*根據天氣狀況可能取消或有所變動

入場費　一般（中學生以上）10,000w，兒童5,000w，殘障人士5,000w / 濟州居民 成人5,000w，兒童3,000w

*國小生以上可以觀覽

預約方法　網路預約（http://www.thepinx.co.kr）

電話　064-793-6178

附近觀光景點　화순금모래해변 和順金沙海邊，산방산유람선 山房山遊船，카멜리아힐Camellia Hill，본태박물관 本態博物館，다빈치뮤지엄 Davinci Museum

附近美食餐廳　산골숯불왕소금구이山溝炭火大粒鹽烤肉，두봄 2Springs（手作漢堡），알동네집Aldong Nejip（蜂窩煤烤肉），명리동식당名利東食堂（什錦烤肉），춘심이네 春心之家（烤刀魚），운정이네 雲情之家（在地料理）

濟州鄉村風的療癒空間，
葡萄酒店PODO HOTEL

　　在漢拏山海拔400m處可以俯望到山房山的村子裡，有一處讓人聯想到濟州茅廬的典雅精品酒店。這家酒店的屋頂，在高空俯視時，圓圓的模樣好像一串葡萄，因此有了「葡萄酒店」的名字。站在和葡萄一樣的屋頂旁邊看，又會讓人想到濟州島海岸邊傳統的茅廬。這家酒店魅力還不止於此，站在葡萄酒店的對面看，酒店又彷彿和周圍突起的山丘相連，好像它也是其中一座山丘一般。葡萄酒店與周圍環境融合的恰到好處，連接著山房山和海岸線，為我們帶來了夢幻般的濟州風景。

　　伊丹潤設計出了脫離繁瑣的日常，定神養性的療癒空間，勾勒出人類最重要的幸福氣氛。葡萄酒店僅有26間客房，給人一種來到自己私家別墅享受鄉村景緻的感覺。沿著石牆盛開的油菜花、青麥和蘆葦等，更為不同季節的濟州增添了色彩。此外，葡萄酒店的特色是霰石溫泉浴，這是濟州島首次發現的霰石溫泉浴，正因如此這裡成為了焦點，其溫泉成分對健康也十分有益。

　　與一般建築物內部與外觀分離的設計相反，葡萄酒店可以看出為了使內外自然相聯，伊丹潤費盡苦思。擁有小瀑布和小溪並可以看到天空的室內庭院，小瀑布的周圍有夏天的油菜花，以及蘆草、青麥等濟州四季的特色。

　　伊丹潤以自然風俗和傳統相結合的葡萄酒店的藝術性，獲得了法國藝術文化的騎士勳章，葡萄酒店在2013年被評選進了「濟州島最美的建築物TOP7」。

．．．

地點　제주특별자치도 서귀포시 안덕면 산록남로 863 濟州特別自治道西歸浦市安德面山鹿南路863號

使用時間　入住時間15:00 / 退房時間11:00

酒店費用　Deluxe 18平洋室（雙人房）320,730w / Deluxe 18平韓室（雙人房）366,550w / Loyal 40平 洋室（4Bed）641,460w / Loyal 40平 韓室（4Bed）733,100w

電話　064-793-7000　**URL**　http://www.podohotel.co.kr

附近觀光景點　화순금모래해변 和順金沙海邊，산방산유람선 山房山遊船，카멜리아힐Camellia Hill，본태박물관 本態博物館，다빈치뮤지엄 Davinci Museum，마라도馬羅島，가파도加波島

附近美食餐廳　산골숯불왕소금구이山溝炭火大粒鹽烤肉，두봄 2Springs（手作漢堡），알동네집Aldong Nejip（蜂窩煤烤肉），명리동식당名利東食堂（什錦烤肉），춘심이네 春心之家（烤刀魚），운정이네 雲情之家（在地料理），피자굽는 돌하르방 烤披薩的多爾哈魯邦（披薩）

附近咖啡廳　오설록Osulloc（綠茶蛋糕捲），이니스프리Innisfree（甜橘山丘冰），느영나영감귤창고 Neuyeong Nayeong甜橘倉庫

被救贖的幸福感，
方舟教會

　　濟州的方舟教會是一所像是聖經中的諾亞方舟般，建在水中的教會。這是一座追求自然與建築融為一體，伊丹潤建築美學的作品，並獲得了2010韓國建築協會獎（今年入選建築BEST 7）。

　　方舟教會要從遠處環繞教會一周慢慢地欣賞。白色、灰色、黑色的三角形鐵架支撐起的屋頂，被陽光反射時，彷彿泛起了波浪，屋頂的輪廓好像耶穌張開的兩隻手臂在迎接迷途的人們。

　　濟州方舟教會沒有高空豎起的十字架。走在首爾的夜裡，到處可以看到教會的十字架，大部分設置的又高又大。但是，方舟教會看不到高高豎立起的十字架，這裡的十字架，在教會的兩側自然的延伸進來。因為沒有特別明顯，所以在觀賞時無意間發現，感動也會更強烈。

　　方舟教會的特色當然是環繞教會的水了，水是最能表現方舟的自然特色，因此伊丹潤設計用水包圍起教會。平靜水面上的倒影，彷彿方舟真的漂浮在水面上一樣，天空掛滿雲朵的時候，將視線與水平線平行看，還會看到方舟好似飛上了天的景色。

　　方舟教會的窗戶是從下向上推開式的,窗戶打開時,窗框呈傾斜狀,從側面看時好比方舟的槳。進入做禮拜的禮堂時,在外面看到的好像方舟槳一般的窗戶,達到自然採光的效果,並且,透過下開的窗戶可以看到環繞教會四周的水,那感覺真的像是進入到方舟內部。這也打破了窗子安置在上方的固有觀念,窗戶設計在下面,同時滿足了「方舟」主題的外觀和內部所需要素。在方舟教會做禮拜的信徒們,似乎都會有種登上了諾亞方舟被救贖的幸福感。

地點　제주특별자치도 서귀포시 안덕면 산록남로 762번길 113 濟州特別自治道西歸浦市安德面山鹿南路762街 113號

電話　064-794-0611

URL　http://www.bangjuchurch.org

附近觀光景點　화순금모래해변 和順金沙海邊,산방산유람선 山房山遊船,카멜리아힐Camellia Hill,본태박물관 本態博物館,다빈치뮤지엄 Davinci Museum

附近美食餐廳　산골숯불왕소금구이山溝炭火大粒鹽烤肉,두봄 2Springs(手作漢堡),알동네집Aldong Nejip(蜂窩煤烤肉),명리동식당名利東食堂(什錦烤肉),춘심이네 春心之家(烤刀魚),운정이네 雲情之家(在地料理),피자굽는 돌하르방 烤披薩的多爾哈魯邦(披薩)

附近咖啡廳　오설록Osulloc(綠茶蛋糕捲),이니스프리Innisfree(甜橘山丘冰),느영나영감귤창고 Neuyeong Nayeong甜橘倉庫

幾何學中的大自然，**安藤忠雄**

　　安藤忠雄高中畢業後，成為了一名職業拳手，在比賽結束後他機緣巧合的在舊書店裡看到了勒·科比意（知名的法國建築大師）的作品集，那本書徹底改變了他的人生。

　　安藤忠雄為了見勒·科比意一面，帶上積攢已久的錢，隻身前往了歐洲，但當時勒·科比意早已去世了。安藤忠雄將勒·科比意的圖全部背下來學習，彷彿是小說裡的情節一樣，安藤忠雄在日本並未受過任何專門正規的教育，只靠自學，後來還獲得了被譽為建築界諾貝爾獎的普立茲克獎（The Prizker Architecture Prize,1955），這些都能看出安藤忠雄堅韌的毅力。

　　安藤忠雄是代表日本的世界級建築師，並以教授的身份任職在東京大學。雖然安藤忠雄有著與生俱來的美感，但他的成就也絕非努力就可以達到的。安藤忠雄自1962年起，8年間穿梭於日本、歐洲、美國和非洲，接觸和體驗了無數的建築與空間。事實上，這期間所累積的見聞，成為了後來他在建築設計上的重要靈感來源。

　　安藤忠雄被稱作是「清水混凝土詩人」，因為他展現了清水混凝土的美學極致。對此安藤忠雄說「我想使用任何人都能輕易找到的建材，創造出誰都無法想像出的建築。」

　　濟州島上有三處安藤忠雄設計的建築物，位於涉地可支Genius Loci和Glass House，和位於安德面可以看到山房山的本態博物館。

可以讓內心平靜的自然空間，
Genius Loci

「涉地可支」是沿著海岸峭壁的健行步道，在溫暖的春天燈塔前的山丘上開滿了油菜花，隔海對望則是「城山日出峰」的自然景色。在那裡，有安藤忠雄設計的Genius Loci和Glass House。

Genius Loci是有「這片土地的守護神」之意的美術館。Genius Loci是延伸進地下的建築物，而是將大部分建物埋藏在地下。東京中城的設計中心，世界著名的家具公司Vitra Seminar House、Benesse House以及地中美術館，都是安藤忠雄打造的建築，從中可以看到這相同的特點。

地表上顯露的部分使用了混凝土和濟州的石頭，與周圍的自然景觀融為一體。進入入口處，可以看到表現濟州環境的「三多庭園」。石頭的庭園代表了濟州貧瘠的土地和濟州島民的堅韌，女人的庭園代表了生命力與富足，風的庭園可以聽到蘆葦間吹過的風聲。此外，Genius Loci入口處的石頭大門象徵著濟州島。安藤忠雄喜歡利用水的設計，表達建築的特色。在進入Genius Loci的路上，他設計了牆泉，像是摩西的奇蹟一樣將濟州島的大海分成兩半，代表通往理想國境的一條路徑。同時透過光線、水、風等，讓內心平靜得到淨化。

沿著牆泉走到盡頭可以看到像禮物一般的Genius Loci精美相框。在這裡開滿油菜花的季節更能看到優美景色，此處可以說是Genius Loci的代表所在，以建築物的外牆作為相框，可以看到隔海相望的城山日出峰，這裡成了隨時都可以看到跟著時間變化的美景。

　　安藤忠雄的建築共同點是可以看到天空。這彷彿給封閉的建築注入了生命，不論是設計什麼樣的建築，他都會打開天窗讓陽光和影子為建築整體帶來生命。通往Genius Loci地下的通道上，兩側豎起了高達5米的石牆，這使得人們暫時可以全神貫注集中在天空上。

　　Genius Loci位於被稱作涉地可支的肚臍位置，這是人體的中心，也象徵著注入生命的臍帶。地下美術館是一處具有光線、風水和聲音迴響的舒適空間。三個美術館空間分別代表了過去、現在和未來。透過簡單的設計，不僅感受到藝術空間的美感，而且利用自然採光為人們帶來了舒適的停留時間。

....

地點　서귀포시 성산읍 섭지코지로 107 西歸浦市城山邑涉地可支路 107號
觀覽時間　09:00～18:00（機械檢查 12:00～13:00）
入場費　成人（中學生以上）4,000w，兒童及老年人（65歲以上）2,000w，未滿7歲免費
電話　064-793-6000
URL　http://www.phoenixisland.co.kr（鳳凰島度假村濟州）
附近觀光景點　성산일출봉城山日出峰，우도牛島，섭지코지涉地可支，아쿠아플라넷Aqua Planet水族館，제주해녀박물관 濟州海女博物館，하도해변 下道海邊
附近美食餐廳　윌라라 Willala(Fish&Chips)，새벽숯불가든黎明炭烤花園（豬肉），맛나식당好食食堂（醬煮青花魚），남양수산南洋水產（島民生魚片店），가시아방加西亞房（肉燥麵條，濟州島黑豬肉），고성장터국밥固城市集湯飯（血腸湯飯），옛날옛적古日古昔（濟州島黑豬肉）
附近咖啡廳　코지카페Cozy Café，성산읍코지리城山邑可支里，카페배알로Café Beallo

傳統與現代，與大自然共存，
本態博物館

　　位於漢拏山山腰上的安德面本態博物館，俯視便可以一覽山房山的美景。「本態」的意思是本來的形態，含有透過傳統與現代的工藝品，探求人類天然的美感。

　　本態博物館以韓國傳統的牆和瓦（以典雅的線條代表了韓國的美），安藤忠雄現代且新穎的建築設計，以及濟州島天然的景觀，三者恰到好處的結合在一起。

　　本態博物館是為了展示傳統工藝品和現代美術品而修建的，兩個建築之間以韓國傳統牆和溪水，將傳統與現代柔和地連接在一起。兩個空間之間，水流動的「牆泉」是安藤忠雄經常會使用將空間分離的設計方法，這在Genius Loci也可以看到。

　　展覽現代美術品的美術館，位於可以看到山房山的高處地帶。為了能夠充分利用中山間，整個建築面光的一側都設計有大型的窗戶，採集自然光線。這也使得雖然為混凝土建築，但整體卻很明亮並有溫暖的感覺。

　　這裡展示了薩爾瓦多・達利、費爾南・萊熱、白南準等現代畫家的美術作品。2樓有安藤忠雄的冥想房間，在走進房間通道（這已成了安藤忠雄建築的象徵）混凝土天棚上，可以透過小型的玻璃窗看到濟州天空。

　　如果說現代美術館是向上開放感舒適的空間，那麼傳統美術館則是小型內向並向下延伸的空間了。在這裡寬大的牆壁上展滿了美麗的格紋布料，以及陳列出各種樣式的韓國傳統小餐桌等手工藝品。

　　第3博物館裡展示著草間彌生的兩件常設作品，此外還有音樂廳、室外雕刻公園和咖啡廳。為了達到與博物館的和諧效果，安藤忠雄還設計了人工湖水。對於安藤忠雄來講，水是建築必不可少的重要元素，這個湖水也成為了建築設計的一部分。

．．．．．．．．．．．．．．．．．．．．．．．．．．．．．．．．．．．．．．．

地點 서귀포시 안덕면 산록남로 762번지 69 西歸浦市安德面山鹿南路762街69號
觀覽時間 10:00～18:00
入場費 成人16,000w，青少年11,000，兒童及老年人10,000w，未滿36個月免費
電話 064-792-8108
URL http://www.bontemuseum.com
附近觀光景點 화순금모래해변 和順金沙海邊，산방산유람선 山房山遊船，카멜리아힐Camellia Hill，다빈치뮤지엄 Davinci Museum
附近美食餐廳 산골숯불왕소금구이山溝炭火大粒鹽烤肉，두봄 2Springs（手作漢堡），알동네집Aldong Nejip（蜂窩煤烤肉），명리동식당名利東食堂（什錦烤肉），춘심이네 春心之家（烤刀魚），운정이네 雲情之家（在地料理），피자굽는 돌하르방 烤披薩的多爾哈魯邦（披薩）
附近咖啡廳 오설록Osulloc（綠茶蛋糕捲），이니스프리Innisfree（甜橘山丘冰），느영나영감귤창고 Neuyeong Nayeong甜橘倉庫

濟州的樹林

—

Inspiration from Jeju

心動濟州 03

有人喜歡大海，有人喜歡樹林。在濟州島旅行時，喜歡大海的人會在海岸線一帶旅行，喜歡樹林的人要進入山間地帶。喜歡樹林的人都有各自不願錯過的地方。思連伊林蔭路、寺泉自然休養林、榧子林，都是人們最常去最喜愛的樹林。三個樹林都有屬於自己特色的美，所以很難區分高低。

異國風情
的柳衫樹林路，
寺泉自然休養林

「寺泉自然休養林」從「杉鬱路」的兩側，長有着天大樹的柳杉樹林路開始。杉鬱路是寺泉自然休養林代表性的散步路線，這條路美得讓人陶醉，並且很多人旅行結束後，還會有很長一段時間難以忘懷。沿著步道走下去，在柳杉樹之間會吹來植物的香氣——芬多精，這會讓身體自然而然的放鬆。雖然叫做修養林，但可不是只有樹林，這裡還有泉水池、蓮花池、草地廣場、兒童遊樂場、長生林間小路、寺泉岳、天籟路、扁柏林路等多條路線，在入口處選擇好路線即可出發。如果時間充足，三、四個小時的散步路線最佳，當然只走30～40分鐘也很好。步道上，常常會出現遊樂場，所以帶著孩子一同前往也很適合。

地點　제주시 명림로 582 절물휴양림 濟州市明林路 582號 寺泉自然休養林
入場時間　日出～日落 / 長生林路、寺泉岳星期一休息
入場費　成人1,000w，青少年600w，兒童300w
電話　064-721-7421
URL　http://jeolmul.jejusi.go.kr

四季常青
的千年之林，
榧子林

◈

　　樹齡在500年到800年的榧子樹，以群落形成了榧子林，這是以單一的樹種形成的世界上最大的樹林。榧子樹的葉子很像漢字的「非」字，因此有了「榧子」的名稱。榧子林裡的2800棵榧子樹都有屬於自己的號碼，在榧子林裡走上一段時間，會遇到祖父級的千年榧子樹，它的樹號是1號。榧子林一年長青，冬天去也不錯。路線分有40分鐘的路線和超過1個小時的路線，短的路線不陡峭，使用嬰兒推車和輪椅也可以輕鬆的散步。

地點　제주특별지차도 제주시 구좌읍 비자숲길 62 濟州特別自治道濟州市舊左邑榧子林路 62號

入場時間　09:00~18:00，最後入場時間17:00，全年無休

入場費　成人1,500w，青少年800w，兒童800w

電話　064-710-7912

漫步在神秘
的樹林裡，
思連伊林蔭路

　　思連伊林蔭路總共有三個出入口，分別是櫸子林路出入口、赤岳出入口、思連伊岳出入口。南北貫穿長達16km的路線可以通過整個樹林。時間不充裕的遊客，推薦選擇思連伊Saewatnae路線（새왓내숲길），30分～1個小時左右路線，可以充分的享受到芬多精。

　　雖然從櫸子林路出入口到赤岳出入口的路線，一年當中都可以通過。但在櫸子林路開始到思連伊岳南邊出入口的中間地段，為了保護森林平時會限制進入，一年一次，只在約2週的環保療癒體驗活動期間開放。雖然不是很有名氣，但我想推薦的路線是，思連伊林蔭路最南邊的漢南試驗林，這裡一天只允許100人探訪，實行預約制管理。日治時期建成的這片樹林，就算是體形高大的成年人進入，也會像是小人國的人一樣，兩片平均30m高的巨大柳杉樹林，讓人看起來格外渺小。不必從櫸子林路出入口進入，可以直接從漢南試驗林的入口進入，星期一、二休息，只有7月～10月期間允許探訪。

地點 제주특별자치도 제주시 조천읍 濟州特別自治道濟州市朝天邑

入場時間 日落時間後禁止入場

入場費 免費

電話 064-900-8800

URL http://www.forest.go.kr(濟州試驗林探訪預約)

附近觀光景點 함덕서우봉해변 咸德犀牛峰海邊，서우봉둘레길 犀牛峰環林路，돌하르방공원 多爾哈魯邦公園，거문오름 拒文岳，에코랜드 生態樂園，산굼부리 山君不離，절물자연휴양림 寺泉自然休養林

附近美食餐廳 도구리슬로푸드 Doguri Seulro Food（麵醬，大醬），장원삼계탕 長園蔘雞湯，스페니쉬쓰리몽키즈 SPANISH3MONKEYS（西班牙料理），방주식당 方舟食堂（馬蹄葉餃子，豆漿冷麵），낭뜰에쉼팡 林中休息站（生菜包飯，醬味拉麵），교래손칼국수 橋來刀切麵，성미가든 城美花園（雞肉火鍋），길섶나그네 路邊過客（蔬菜包飯定食），뜰향기 庭院香氣（蔬菜包飯定食）

附近咖啡廳 프롬제이 From J，귤꽃橘花，라포레사려니 La Foret SaRyeoni，카페1024 CAFE1024，구름언덕 雲丘，다희연 동굴카페 茶喜然洞窟咖啡廳

04

—

The tastes of Jeju

濟州的香氣和風味

既然到了濟州島，喝一杯咖啡也希望帶有濟州的香氣。本章主要介紹融合濟州島鄉村風情和流行空間的場所，以及可以品嚐到充滿濟州氣息的美食餐廳。

我的私房景點，
在精靈的庭院裡做咖啡
（지니의 뜰에 커피나리다）

　　村口大樹的樹蔭下，真是出奇的涼爽。正因如此，樹下總是會聚集很多的人。其中，最常見的樹是朴樹，朴樹容易生長，在風多氣候惡劣的濟州島也能很好的生長，就算是樹折斷了，因為具有滋生性質，所以只要換個地方種，便會很容易生根。村子口的樹，濟州方言稱之為 pung nang（「朴樹」的濟州方言），每個村子的入口都會有朴樹。

　　在歸德里村子美麗的朴樹旁邊，有一家清雅別緻的石屋咖啡廳。名字起的也很特別，叫「在精靈的庭院裡做咖啡」。這裡與極其茂盛漂亮的朴樹相互建構組成，院子裡的一顆松樹彷彿種在黃金比例上，平衡整體的景象，看上去宛若一幅畫。

　　進入咖啡廳可以看到庭院和後院的景色，屋內的裝潢別緻新穎，加上手沖咖啡的價格合理，而且味道也是一流。這裡是我私藏的安靜去處，不管是天氣晴朗還是下雨，氣氛都很好。閒寂的村子裡，就像是自己家一樣的咖啡廳。

地點　제주시 한림읍 귀덕 14길 59 濟州市翰林邑歸德14街 59號

營業時間及休息日　12:00~18:00，星期一休息

菜單及價格　手沖咖啡5000w，牛奶冰7000w，熱巧克力6500w，蜂蜜土司7000w，番茄汁5000w，香蕉拿鐵5000w

電話　070-8831-0022

附近觀光景點　곽지과물해변 郭支海邊，한담해변 韓潭海邊，테지움 泰迪熊博物館，프시케월드 Psyche World，새별오름曉星岳，성이시돌목장Seong Isildore牧場，금오름 金岳，헬로키티아일랜드 Hello Kitty Island，더럭분교 多樂本校

附近美食餐廳　비바라짬뽕 VIVARI JJAMBBONG（中式料理），곤밥보리밥 GonBap（大麥飯），키친후거 Kitchen Hygge（丹麥料理），하얀성 白色城堡（生魚片），더돈 Deodon（烤肉），뚱딴지 Ttungttanji（活魚福湯），아루요 ARUYO（長崎炒碼麵），오크라 OKRA（手作炸豬排），카페태희 Café Tae Hee（Fish & Chips），꽃밥 FLOWER BOP（韓定食），스티브트럭새우 Steve's truck shrimp，밥깡패 Bap Kkang Pae（義大利麵）

與過去的痕跡共存，
Anthracite咖啡廳

　　一般提到「建築」會想到的是，將原有的痕跡抹去，在原來的位置上重新設計建造。但如今大家開始重視傳統文化和歷史的重要性，以及開始傾向於努力再生與保護昔日的老建築。像歐洲的先進國家會把祖先們留下來的東西，保護保管並重新將其發揚光大一樣；濟州島也開始體會到歷史遺跡的價值。

　　最近在濟州舊區新開設的ARARIO MUSEUM，正是將廢棄的建築重新再生及保留原樣改造的。像這樣再生的建築還有合井洞的Anthracite利用了製鞋工廠，濟州島翰林的Anthracite利用了麵粉廠。這兩個地方都是將長期廢棄的工廠收購後，將工廠的鐵門、裂開的牆壁、生鏽的機器等廠內的痕跡保留下來，營造出時間停留的痕跡，帶來的獨特氛圍，想像著過去工廠忙碌的樣子，讓大家有回到過去的臨場感受。此外，翰林的Anthracite在開業以前就因為極具特色的外觀吸引了不少人。

　　Anthracite咖啡廳的前身是一家麵粉工廠，是已經有70多年歷史的大規模廠房，關廠也已經有20餘年的時間了。清掃因長期荒廢累積的灰塵和設備時，將清理出的木頭做成了桌子和置物架，連生鏽的機器縫隙間長出的野草也都保留了下來。

　　這模樣就是新建也無法營造出的歷史痕跡，也是全部清除再重新建造無法與之相比較的。這正是Anthracite受到歡迎的理由。Anthracite不僅僅是間咖啡廳，也在準備成為翰林的文化和藝術舞台。

．．

地點　제주특별자치도 제주시 한림읍 한림로 564 濟州特別自治道濟州市翰林邑翰林路564號

營業時間及休息日　11:00~19:00，全年無休

菜單及價格　手沖咖啡5000w，美式咖啡4500w，漢拏峰橘汁4500w，檸檬汁6000w，甘那許蛋糕4000w，開心果磅蛋糕3500w

電話　064-796-7991

URL　http://www.anthracitecoffee.com

附近觀光景點　협재해변 挾才海邊，금능으뜸해변 金寧海邊，비양도 飛揚島，한림공원 翰林公園，더마파크 Deoma Park，저지리문화예술인마을 楮旨里文化藝術人村，낙천리아홉굿마을 樂泉里九巷村，수월봉 水月峰

附近美食餐廳　면뽑는선생 만두빚는아내 做麵的先生包餃子的妻子，모디카 Modica（義式料理），서촌제 SeoChonJe（手作炸豬排），보영반점 寶榮飯店（什錦炒碼麵），사형제횟집 四兄弟生魚片（醬煮石斑魚），협재수우동 挾才水烏冬，더꽃돈 Deokkotdon（豬肉料理），추자도회마당秋子道生魚片（醬煮白帶魚），한림칼국수 Hallim Kalguksu

弘大的aA博物館
在濟州的前海，Jeju in aA

　　首爾藝術文化的熱門地帶當屬弘大了。各個時代的藝術家和設計師們世代傳承一直發展至今，其中收集世界復古家具的收藏家金明漢的aA設計博物館，正是新文化的代表性地標。弘大的aA設計博物館是金明漢親自打造，展覽空間主要是20餘年收集的名品家具的空間，在這棟高級建築的一樓有設計新穎的復古家具，當然這裡也是可以品嚐咖啡的咖啡廳。

　　金明漢的外型看起來，像是要去夜店一般的時尚有型，但其實他已是兒孫滿堂的老人家了。他希望可以慢慢享受人生，所以才在弘大以外，選擇了濟州島的漢東里定居。他很喜歡以玄武岩單一色調為特色的濟州島，Jeju in aA也是利用此黑色系色調為主。他希望把這裡建造成融合當地特色但又不突顯，可以吸引有獨特眼光的人的地方。

　　金明漢代表說過，看到濟州的大海會讓人感受到歐洲的北海氣息。進入咖啡廳，會有種瞬間移動到歐洲復古農舍的錯覺感，在這裡既能感受到北歐的傳統與品味，也是一間簡樸舒適的咖啡廳，這一切都與窗子望出去的大海融合的恰到好處。

　　在咖啡廳的周圍，有三間獨戶的旅館。金明漢希望能提供高貴但合理價格的住宿環境，住宿費以韓元8萬、10萬、13萬不等的價格提供。旅館內部佈置溫馨，又能以合理的價格享受平日裡很難看到的北歐復古家具。不僅如此，這裡位於濟州的鄉村，從窗戶望出去還能欣賞到大海、田地和石牆等自然景觀，這裡就如同童話般的溫馨。

地點　제주도 제주시 구좌읍 한동리 8-8 濟州島濟州市舊左邑漢東里8-8號
營業時間及休息日　10:00~22:00（每週二休息）
電話　064-783-0233
URL　http://jeju-in-aa.com
附近觀光景點　제주해녀박물관 濟州海女博物館，메이즈랜드 迷路公園，바지림 榧子林，용눈이오름 龍眼岳，다랑쉬오름 大朗秀岳，월정리해변 月汀里海邊，김녕성세기해변 金寧海邊，김녕미로공원 金寧迷路公園
附近美食餐廳　다래향 Daraehyang（炒碼麵），명진전복 明進鮑魚（鮑魚石鍋飯），재연식당 才然食堂（定食），평대스낵 PyeongDae Snack（辣炒年糕，炸物），알이즈웰 aal is well（義大利麵），담 Dam（清麴醬），부농 富農（定食），라마네의식주 Ramane（米線，越式法國麵包）

巷子盡頭的回憶，
鄉村蛋糕店「舊左商會」

　　月汀里以海聞名，讓人感到遺憾的是有越來越多的咖啡廳聚集於此，儘管如此，每次來到月汀里還是會不由自主地感嘆「啊！這就是月汀里呢」。沿著海岸線可以看到很多窗前景色絕佳的咖啡廳，但是也有看不到大海但仍極具吸引力的鄉村住家咖啡廳，它就是舊左商會。

　　舊左商會與海邊只不過100m的距離，暗藏在彎曲的巷弄裡，完全看不到海景。但這裡有著即便看不到海景也不會感到後悔的魅力，很適合想要沉浸在復古氛圍裡的人們。

　　舊左商會是一間已經接近100年的石屋，入口的玻璃門似乎是20～30年前住在這裡的人家換修的。外觀上並沒有做什麼改變，內部比起現代感更顯得簡樸舒適。進入院子便可以看見石牆下面、窗子前、花壇裡，到處都是鮮花和乾燥花。雖然沒有重新裝修的痕跡，但卻給人一種自在感，好像來到了一位喜歡種花的朋友家裡一般。那種古色古香的氛圍正是舊左商會最大的魅力，也具有療癒的力量。

　　舊左商會是一家鄉村蛋糕店。這裡有與漂亮的咖啡廳相配的紅蘿蔔蛋糕、漢娜峰橘起司蛋糕、布朗尼和提拉米蘇。在開咖啡廳以前，這裡是製作蛋糕的工作室。咖啡廳的入口處也寫著「舊左商會工作室」。每週二、三、四這裡仍舊是製作蛋糕的工作室，只有在星期五至星期日才變身咖啡廳。

地點　제주시 구좌읍 월정 1길 55-3 濟州市舊左邑月汀 1街 55-3號

營業時間及休息日
11:00~18:00 / 星期二、三、四休息

菜單及價格　紅蘿蔔蛋糕6000w，漢挐峰起司蛋糕6000w，布朗尼6000，提拉米蘇6000w，巧克力薄荷5000w，紅茶5000w

電話　010-6600-6648

URL　http://instagram.com/_rothy

附近觀光景點　세화해변細花海邊，세화 오일장細花五日市場，제주해녀박물관 濟州海女博物館，벨롱장 Belrong Jang，메이즈랜드 迷路公園，바지림 榧子林，용눈이오름 龍眼岳，다랑쉬오름 大朗秀岳，월정리해변 月汀里海邊，김녕성세기해변 金寧海邊，김녕미로공원 金寧迷路公園，만장굴 萬丈窟，선흘리동백동산 善屹里冬栢東山

附近美食餐廳　다래향 Daraehyang（炒碼麵），명진전복 明進鮑魚（鮑魚石鍋飯），재연식당 才然食堂（定食），평대스낵 PyeongDae Snack（辣炒年糕，炸物），알이즈웰 aal is well（義大利麵），담 Dam（清麵醬），부농 富農（定食），라마네의식주 Ramane（米線，越式法國麵包）

飄散在松堂里的
濃郁咖啡香，
風林茶房

　　濟州島鄉村的美食餐廳和咖啡廳一旦被電視或雜誌等媒體報導後，就會成為那個地區的熱門地點，這已經成了再普通不過的事情了，但其中有一家特別引人注意的咖啡廳，正是位於松堂里的「風林茶房」。在著名的美食節目《周三美食匯》濟州島篇中，有介紹到這家咖啡廳，因此聲名大噪，還有人排隊等著品嚐一杯咖啡。風林茶房的咖啡，可以說是濟州數一數二的。

　　風林茶房的老闆，是有15年經驗的咖啡師。不論何時，他都充滿誠意地用絨布手沖咖啡。「絨沖咖啡」是指使用法蘭絨（Flannel）的布來沖咖啡，這種方法雖然比起其他方式更需要時間和耐心，但會除去咖啡的苦味，香氣也更加濃郁。

　　品嚐到風林茶房的絨沖咖啡後，會自然地產生「原來這才是咖啡啊」的想法。嘴裡富含多層次的味道，先是豐富的醇度再到微酸味，正是咖啡所含的最佳風味，都可以在風林茶房品嚐到。喝上一杯拿鐵或是布雷衛，享用由咖啡與牛奶和鮮奶油組合出的味道與香氣。

　　不僅是咖啡的味道，咖啡廳外觀的田園鄉村感，還有大大小小的山丘，都可以感受到濟州的魅力所在。這裡不是急急忙忙，買杯咖啡就走的咖啡廳，而是一處適合悠閒品味的地方，希望大家可以在風林茶房找到旅行的真正意義。

地點　제주시 구좌읍 중산간동로 2254 濟州市舊左邑中山間東路 2254號

營業時間及休息日　平日 10:30~19:00 週末 10:30~19:00 Break time 12:00~13:00 / Last order 18:30 / 每週星期二、三休息

菜單及價格　手沖咖啡A:6000w，B：7000w，冰滴拿鐵7000w，濟州柚子茶6000w，風林布雷衛7000w，提拉米蘇6000w

電話　010-5775-7401

附近觀光景點　메이즈랜드 迷路公園，바지림 榧子林，용눈이오름 龍眼岳，다랑쉬오름 大朗秀岳，월정리해변 月汀里海邊，김녕성세기해변 金寧海邊，김녕미로공원 金寧迷路公園，선흘리동백동산 善屹里冬栢東山

附近美食餐廳　부농 富農（定食），라마네의식주 Ramane（米線，泰式酸辣湯），웅스키친 woong's kitchen（漢堡牛排），담 Dam（清麴醬）

飽覽漢拏山和大海，
一起擁有「瑪姬的回憶」
（Café Maggie）

　　雖然與涯月海岸道路、新昌風車海岸道路以及沙溪海岸道路相比，這條海岸道路並不出名，但這裡的海景也不會輸給其它任何海域，而且這裡還可以看到漢拏山的景觀。海岸路上沒有什麼車，這對於開車還不熟練的人來講，會是很棒的兜風路線。

　　坐在瑪姬的回憶院子裡，右邊可以看到漢拏山，左邊可以看到翰林前海，坐在那裡30分鐘看海景，30分鐘欣賞漢拏山，不知不覺時間就過去了。咖啡廳本身就是一件非常典雅漂亮的傳統石頭。店長說他自己親手拆舊房、清理垃圾、搬運石頭等，參與了全部的裝修工作。到瑪姬的回憶網站上還能看到店長的工作日記，他風趣幽默的文筆，看了還會讓人忍不住大笑出來。

　　咖啡廳「瑪姬的回憶」所有窗戶都是摺門式的，添加了開放感，晴空萬里的時候，所有的窗戶都會打開，店裡面朝海邊的位子是最有人氣的。在這裡，就算點的咖啡送上來了，也沒有閒情雅緻去享受，因為店內的每個角度看到海景都會讓年輕的女生們冷落咖啡，不停的拍照上傳分享。

　　店裡還設有可以依著椅背伸直腿的座位。這是經常去旅行的店長，從自己的旅行經驗裡得出的想法。咖啡廳裡的所有照片都是店長在世界各地旅行時拍的，在店裡欣賞世界各地的照片也很有趣。位於廚房附近的牆壁全部被CD填滿了，「瑪姬的回憶」（메기의 추억）這個名字也是來自店長最喜歡的歌曲名稱。

地點 제주시 한림읍 한림해안로 595 濟州市翰林邑翰林海岸路 595號

營業時間及休息日
10:00～19:00，星期三休息

菜單及價格 美式咖啡4000w，拿鐵咖啡5000w，紅蘿蔔蛋糕4000w，巧克力起司蛋糕4500w

電話 070-7722-1876

URL www.maggie.co.kr

附近觀光景點 협재해변挾才海邊，금능으뜸해변金寧海邊，비양도 飛揚島，한림공원 翰林公園，더마파크 Deoma Park，저지리문화예술인마을 楮旨里文化藝術人村，낙천리아홉굿마을 樂泉里九巷村，水月峰

附近美食餐廳 면뽑는선생 만두빚는아내 做麵的先生包餃子的妻子，모디카 Modica（義式料理），오크라OKRA（手作炸豬排），서촌제 SeoChonJe（手作炸豬排），보영반점 寶榮飯店（什錦炒碼麵），한림칼국수 Hallim Kalguksu，사형제횟집 四兄弟生魚片（醬煮石斑魚），협재수우동 挾才水烏東，더꽃돈 Deokkotdon（豬肉料理），추자도회마당秋子道生魚片（醬煮白帶魚）

網路人氣名店，
Salon de Lavant （살롱드라방）

　　在濟州島生活以後，就能發現來濟州島旅行的人，各有不同的旅行方式。探索大自然的人，尋找人氣觀光景點的人，喜歡在偶來小徑和環林山路散步的人，喜歡在沒沒無聞的鄉村裡享受個人的悠閒時光，和孩子一起尋找體驗活動和看動物的人，熱愛美食一天可以吃6餐的人等等，旅行的方式可謂是變化萬千。但最近突然有越來越多人加入的新旅行方式，又稱「咖啡廳巡禮族」。

　　因為濟州島的風景增添不同特色的咖啡廳，確實可以留下些與眾不同的回憶。咖啡廳巡禮族們事先選好咖啡廳，平均一天可以走訪兩三家。他們不是為了喝咖啡，而是為了體驗特色咖啡廳的氛圍。對他們來說，擁有濟州鄉村氣息的咖啡廳，要比人潮擁擠的觀光景點更有療癒的效果。

　　位於涯月的Salon de Lavant也是網路上的人氣咖啡廳。周圍既沒有知名的觀光景點，地點也不容易找。它開在鄉村小徑，是會誤以為自己走錯路的寧靜村子。

146-9
Haga-ro,
Aewol-eup,

    Salon de Lavant受到人們喜愛的原因是，在濟州島的鄉村裡有一家田園式的咖啡廳，竟有為我準備了一桌像是雜誌海報裡的餐桌擺設，在這裡可以享受一段浪漫的時光。與木材家具和皮具完美搭配的鐵質家具，十分有感覺的小擺設，彷彿都是從雜誌中搬出來一樣。如果是在Salon de Lavant，一定可以享受到幸福悠閒的旅行。

地點　제주시 애월읍 하가로 146-9 濟州市涯月邑下加里146-9號
營業時間及休息日　11:00~20:00，週末休息
菜單及價格　布朗尼5000w，香蕉薄煎餅10000w，奶油起司蘋果薄煎餅12000w，田園沙拉10000w，美式咖啡4500w，格雷伯爵柚子茶6500w
電話　070-7797-3708
URL　www.facebook.com/salondelavant
附近觀光景點　더럭분교多樂本校，한담해변 韓潭海岸散步路，곽지과물해변 郭支海邊，
附近美食餐廳　뚱딴지 Ttungttanji（活魚福湯），하얀성 白色城堡（生魚片），더돈 Deodon（烤肉），비바라짬뽕 VIVARI JJAMBBONG（中式料理），키친후거 Kitchen Hygge（丹麥料理），아루요 1호점 ARUYO1號店（長崎炒碼麵），카페태희 Café Tae Hee（Fish & Chips），몬스터 Monster（吉拿棒），스티브트럭새우 Steve's truck shrimp，밥깡패 Bap Kkang Pae（義大利麵）

有品位的茶道體驗，
Osulloc Tea Stone

　　春天和煦的陽光下，像是噴上了淡綠色噴霧的綠茶園，這景色光是看著就會讓人內心澎湃。下了場春雨後，茶苗熬過了整個冬天的寒冷，長出了薄薄的嫩葉，一天一天地萌發著新芽，那稚嫩的小綠葉就是我們食用的綠茶。

　　濟州島雖以柑橘和漢拏峰橘著名，但濟州島的漢拏山和日本的富士山以及中國的黃山，並選為世界三大綠茶產地，所以濟州島的綠茶品質也是很好的。雖然濟州島不適合種植水稻，但火山島的特性上，具備了土壤排水好、氣候溫和、降雨量充分、霧氣頻繁以及極高的日照量等栽培綠茶所需的天然條件。

　　Osulloc茶博物館是國內規模最大的茶綜合展示館，擁有可以觀賞綠茶園的展望台，以及跟茶有關的展示館、商店、室外花園、Tea Stone、Tea House等。

　　現在的西廣茶園，正是從喜愛茶道的秋史金正喜流放到濟州島時種下的茶樹而來。秋史金正喜在將近8年的濟州島流放時間裡，陪伴他的只有毛筆和硯台，是名作「歲寒圖」和「秋史體」的誕生背景，有著他最深的孤獨與忍耐，還有堅持不懈的努力。Osulloc的茶體驗文化空間，將秋史作為永恆的主題，以硯台和毛筆來設定建築物的名字，茶Tea與石頭Stone的組合「Tea Stone」。

　　Tea Stone位於只有在濟州島才可以看得到的典型石林Gotjawal之中（註：Gotjawal，濟州島方言，意思指火山爆發後，熔岩與樹木岩石等形成的樹叢），因為三面都是玻璃，所以會給人一種置身於森林中的感覺。在這裡可以瞭解到有關秋史金正喜，以及學習茶道、茶具和泡茶的方法等知識，也可以同時比較混合茶、蒸茶、炒茶三種綠茶。既傳統又現代的空間，可以讓外國遊客很容易的瞭解韓式茶道。

　　下午茶過後，還可以到充滿了柳杉樹和綠茶香氣的「杉茶」熟成室參觀。「杉茶」是Osulloc開發的，將茶葉放入柳杉樹做的木桶裡，經過100天的熟成時間做出的發酵茶，可以試飲看看。

地點 서귀포시 안덕면 서광리 1235-3 西歸浦市安德面西廣里 1235-3號

利用時間 9:30，11:00，13:00，14:30，16:00（需預約）

所需時間 50分鐘

體驗費用 15,000w（試飲品嚐多種的茶與茶食，贈送Tea Stone紀念品）

體驗人數 最少2人，最多20人

電話 064-794-5312

URL www.osulloc.co.kr

附近觀光景點 화순금모래해변 和順金沙海邊，산방산유람선 山房山遊船，마린파크Marine Park，안덕계곡 安德溪谷，카멜리아힐 Camellia Hill，본태박물관 本態博物館，레오나르도 뮤지엄 DAVINCI MUSEUM

附近美食餐廳 산골숯불왕소금구이山溝炭火大粒鹽烤肉，두봄 2Springs（手作漢堡），알동네집Aldong Nejip（蜂窩煤烤肉），명리동식당名利東食堂（什錦烤肉），춘심이네 春心之家（烤刀魚），운정이네 雲情之家（在地料理），피자굽는 돌하르방 烤披薩的多爾哈魯邦（披薩）

附近咖啡廳 오설록Osulloc（綠茶蛋糕捲），이니스프리Innisfree（甜橘山丘冰），느영나영감귤창고 Neuyeong Nayeong甜橘倉庫

橘園旁的隱密咖啡廳，
WARANG WARANG（와랑와랑）

　　「와랑와랑」是形容聲音非常大的濟州方言擬聲詞。設計在屋頂的金屬貓咪和「와랑와랑」的手寫字，正是這間咖啡廳的標誌也是招牌。屋頂上的貓咪給人一種在漫步的真實感，咖啡廳位於村子的中間地帶，別具幽靜韻味。

WARANG WARANG是位於南元邑美里，經過偶來小徑5號路線路口的烘烤咖啡廳，咖啡味道很好，在偶來小徑散步時可以來這裡休息。推薦夏天的橘子汽水、冬天的紅豆拿鐵，再搭配上有名的烤年糕。

望著窗外的橘園，品嚐一杯咖啡的悠閒時光。沿著小路走下去，還會看到山茶樹群落地。咖啡廳裡有販售山茶精油、香皂還有山茶子，也可以買到店長親自設計製作的獨特香皂盒。

· ·

地點　서귀포시 남원읍 위미중앙로 300번길 28 西歸浦市南元邑 美中央路300號街28號

營業時間及休息日　11:00～18:00，星期一休息

菜單及價格　手沖咖啡、冰滴咖啡 4000w~5000w，紅豆粥4000w，巧克力布朗尼3000w，烤年糕4000w

電話　070-4656-1761

附近觀光景點　코코몽 에코파크 Cocomong Eco Park，남원 큰엉해안경승지 南園海岸景勝地，위미 동백나무 군락지 爲美山茶樹群落地，휴애리 자연생활공원 Hueree自然生活公園

附近美食餐廳　공천포空天浦，요네주방Youne廚房（甜辣豆咖哩），타모라돈까스TAMORA炸豬排，시즌박스SEASON BOX（季節便當），소낭식당Sonang食堂（炒碼麵）

面海人氣咖啡廳，
月汀里LOWA咖啡廳

　　沿著海邊新開了越來越多的咖啡廳，對此讓很多人感到遺憾正是月汀里的海邊。隨著時間的流逝，除了越來越複雜混亂的天空滑翔翼運動，還有更多的人是為了這片大海來到這裡的。淡綠色的大海環繞著海岸，白色的細沙和玄武岩，還有遠處的風力發電機，彷彿成了月汀里無法拆散的一套組合。

　　雖然有很多面向大海的咖啡廳，但其中月汀里LOWA是與此地最相配，也是經得起時間考驗的人氣咖啡。月汀里LOWA，和它的名字一樣，有種可以把大家喚來的魅力。（註：LOWA的意思是「到～來」）

從海邊的角方向過去，月汀里LOWA像是輕飄飄的浮在雲朵上，讓人想要上去一探究竟。坐在咖啡廳裡望向大海，最有人氣的位子是在2樓名為「到天空來」的位子。在這裡不需要義大利濃縮咖啡，就算是自動販賣機的咖啡也會讓人感到幸福滿足。LOWA的後面是叫做「到後院來」的鄉村住家後院。「到天空來」和「到後院來」，要去哪邊還真是一個幸福的難題呢！

. . . .

地點　제주시 구좌읍 해맞이해안로 472 濟州市舊左邑 Haemati海岸路472號
營業時間及休息日　10:00~21:00，全年無休
菜單及價格　美式咖啡400w，漢拏峰茶6000w，漢拏峰黏糕吐司6000w，蛋糕5000w
電話　064-783-2240
URL　http://blog.naver.com/allzzoin
附近觀光景點　세화해변 細花海邊，바지림 榧子林，용눈이오름 龍眼岳，다랑쉬오름 大朗秀岳，김녕미로공원 金寧迷路公園，
附近美食餐廳　다래향 Daraehyang（炒碼麵），월정역 月井驛（章魚拉麵），명진전복 明進鮑魚（鮑魚石鍋飯），재연식당 才然食堂（定食），평대스낵 PyeongDae Snack（辣炒年糕，炸物）

其它資訊｜月汀里LOWA是以飲品為主的咖啡廳，向東邊走不遠還可以看到一家「月汀里BRUNCH」餐廳，可以品嚐到選用濟州島食材做出的早午餐料理，牛肉起司超大漢堡、濟州島豬肉和三明治都是人氣料理。這裡的2樓也是一位難求的觀海最佳位置。

濟州五感體驗，
Innisfree Jeju House

Innisfree是家喻戶曉的化妝品品牌，位於濟州島的Innisfree Jeju House非常值得推薦給大家。一定會有人反問：「到濟州島要去美妝店？為什麼？」，Innisfree Jeju House不單純只是一家美妝店，這裡可以感受和體驗濟州島的文化，為觀光客們提供了新風格的療癒空間。

Jeju House建築使用了天然石板瓦和石頭，與大自然和諧地融和一起。建築的四面設計為透明的大玻璃，前方可以看到草坪，旁邊可以看到Osulloc廣闊的綠茶田，後面是Gotjawal庭院，在這可以充分享受純淨的小島風景。

推薦Innisfree Jeju House裡的體驗手作香皂和有機綠色咖啡廳。利用濟州的天然材料，綠茶、柑橘、火山松茸，做出屬於自己的天然香皂的體驗活動，受到了許多遊客的喜愛。邊看影像邊製作，設備和材料都很方便和完善，製作的方法也很簡單，從小朋友到老年人都可以很容易的跟著學習製作。利用當地材料製作的天然香皂，可以當作旅行的紀念品，包裝很漂亮作為禮物送人也非常有意義。

有機綠色咖啡廳的食物，都是採用了濟州島上收穫的農產品，做出創意特色料理。使用的杯子、盤子、筷子、盒子和籃子等容器也都是採用了環保產品。菜單名稱也很有特色，如「海女籃子」等，食物的造型和口味都是代表濟州的道地料理。

「海女籃子」有濟州鹿尾菜搭配蒸蛋、有機濟州野菜飯糰，用豆蓉做的炸物、沙拉、涼拌甜菜、蕎麥蘿蔔糕和大麥茶。這些食物填滿了海女的籃子，是一道濟州式的BRUNCH，濟州手作三明治是以散發著濟州柑橘香氣的柑橘麵包為主料，裡面加入了濟州黑豬的五花肉炒有機洋蔥大蒜等配料。

Jeju House最具人氣的是柑橘岳冰，手作的柑橘糖漿與雪冰搭配在一起，是一款甘甜爽口的剉冰。

Innisfree Jeju House雖然是「Innisfree」的品牌體驗館，但環繞四周的自然景觀，可以讓我們聞到濟州的香氣，品嚐濟州的味道，可謂是真正體驗濟州的「Jeju House」。

地點　서귀포시 안덕면 서광리1235-3 西歸浦市安德面西廣里1235-3號
營業時間及休息日　09:00~19:00（營業時間會因季節變化有所調整）
菜單及價格　濟州海帶鹿尾菜魚板湯＋濟州野菜飯糰 10,000w，濟州手作香腸熱狗8,000w，濟州手作三明治8,500w，濟州豆粉手作紅豆蒿草麵包7,000w，濟州油菜蜂蜜岳冰12,000w，濟州柑橘岳冰12,000w，濟州岳冰15,000w，濟州豆粉岳冰12,000w
電話　064-794-5351
URL　http://jeju.innisfree.co.kr
附近觀光景點　화순금모래해변 和順金沙海邊，산방산유람선 山房山遊船，카멜리아힐Camellia Hill，본태박물관 本態博物館，다빈치뮤지엄 Davinci Museum，마라도馬羅島，가파도加波島

你與我柑橘咖啡廳，
Neuyeong Nayeong
柑橘倉庫（느영나영）

　　1970年代末，將西歸浦市安德面西廣里的柑橘儲存倉庫加以改造，使用意思為「你與我」的濟州方言「느영나영」的名字做為柑橘倉庫咖啡廳的店名。

　　因為是與村子共同經營的咖啡廳，所以所有食材都選用村子裡栽培的特產。咖啡廳的菜單也有很多新開發的菜色。柑橘克倫奇諾、柑橘茶、漢拏峰汽水、濟州綠茶、柑橘果汁、蜜橘蛋糕、蜜橘烤年糕，柑橘披薩等，光聽名字就讓人感到非常好奇。

　　「柑橘克倫奇諾」是在卡布其諾厚厚的奶泡上，灑了又乾又脆的柑橘小碎塊，你可能會質疑咖啡和橘子會搭嗎？事實上，柑橘被烘乾成脆的和Q的兩種口感，口感非常特別，還有柑橘餅乾、柑橘果醬等也都有販售。薄餅和烤年糕上淋的不是糖漿而是蜜橘——是橘醬加上濟州蜂蜜和橘子糖漿配在一起做出的蜜橘，充滿橘子的香氣。

　　在這裡還出售畫有Neuyeong Nayeong柑橘倉庫咖啡廳和村子景色，以及柑橘等插畫明信片。咖啡廳旁邊的建築設有舞台和座椅，還有演出的設備，但為了用作公演場地和陶藝體驗場地，目前正在裝修中。

地點　서귀포시 안덕면 서광동로 25 西歸浦市安德面西廣洞路 25號

營業時間及休息日　10:00~19:00，每週三休息

菜單及價格　柚子茶5000w，橘子茶5000w，清橘茶5000w，濟州生生果汁6000w，柑橘克倫奇諾5000w，柑橘薄餅6000w，柑橘烤年糕4000w

電話　064-792-9004

附近觀光景點　화순금모래해변 和順金沙海邊，산방산유람선 山房山遊船，카멜리아힐Camellia Hill ，본태박물관 本態博物館，다빈치뮤지엄 Davinci Museum

附近美食餐廳　산골숯불왕소금구이山溝炭火大粒鹽烤肉，두봄 2Springs（手作漢堡），알동네집Aldong Nejip（蜂窩煤烤肉），명리동식당名利東食堂（什錦烤肉），춘심이네 春心之家（烤刀魚），운정이네 雲情之家（在地料理），피자굽 는 돌하르방 烤披薩的多爾哈魯邦（披薩）

只有在濟州島才能品嚐到的
「紅蘿蔔冰」
Café Dongne（카페동네）

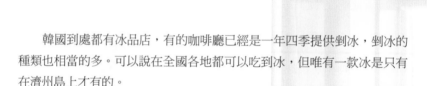

　　韓國到處都有冰品店，有的咖啡廳已經是一年四季提供剉冰，剉冰的種類也相當的多。可以說在全國各地都可以吃到冰，但唯有一款冰是只有在濟州島上才有的。

　　濟州島的紅蘿蔔很有名，其中首屈一指的要屬舊左邑的紅蘿蔔了。雖然舊左邑的紅蘿蔔栽培不到40年的時間，但有機物含量高、排水好的土壤，加上氣候條件，為種植紅蘿蔔提供了最佳的條件。事實上，舊左邑的紅蘿蔔是全韓國最甜最有味道的，會料理的主婦們都知道舊左邑的紅蘿蔔味道最好。

　　到舊左邑終達里的話，可以去一間「Café Dongne」的小咖啡廳品嚐味道濃郁的紅蘿蔔冰。與一般的牛奶冰添加水果和紅豆不一樣，紅蘿蔔冰是用紅蘿蔔和牛奶冰塊所做成。橘黃色的綿綿冰上飄著紅蘿蔔的香氣，紅蘿蔔冰上灑滿了堅果，這與冰的味道極為搭配。Café Dongne位於終達里偶來小徑的路口，喜歡走偶來小徑的人可以在這裡稍坐片刻。透過寫著「所有自然都是作品啊」的窗戶，可以看到大大小小聚集在終達里村子裡的房頂和石牆，沒有比這更美的景色了。坐在2樓屋頂的桌子邊，一邊俯視終達里一邊品嚐紅蘿蔔冰，真是再幸福不過了。

모든 자연은

작품이어라

地點 제주특별자치도 제주시 구좌읍 종달로 5길23 濟州特別自治道濟州市舊左邑終達路 5街23號

營業時間及休息日 10:00~18:00，每週二休息

菜單及價格 紅蘿蔔汁5000w，紅蘿蔔冰9000w，漢拏峰7000w，檸檬水5000w，荷蘭冰塊咖啡3500w，冰滴咖啡4000w，香草茶4500w，果茶5000w，番茄起司帕尼尼6000w，瑞可達起司沙拉9000w

電話 070-8900-6621

附近觀光景點 세화해변 細花海邊，제주해녀박물관 濟州海女博物館，메이즈랜드 迷路公園，바지림 榧子林，용눈이오름 龍眼岳，다랑쉬오름 大朗秀岳，월정리해변 月汀里海邊，김녕성세기해변 金寧海邊，김녕미로공원 金寧迷路公園，선흘리동백동산 善屹里冬栢東山

附近美食餐廳 다래향 Daraehyang （炒碼麵），명진전복 明進鮑魚（鮑魚石鍋飯），재연식당 才然食堂（定食），평대스낵 PyeongDae Snack（辣炒年糕，炸物），알이즈웰 aal is well（義大利麵），담 Dam（清麴醬），부농 富農（定食），라마네의식주 Ramane（米線，越式法國麵包）

品嚐生態循環料理，
幸福的農夫料理 (행복한 요리농부)

在品嚐或料理食物以前，如果知道該食材是在哪裡以怎樣的方式栽培，並經過了什麼樣的製作過程的話，我們便會對食物更加珍惜和感恩。有一種料理是以健康的方式種植食材，做出鄉村傳統的料理，並且融入文化，這種料理被稱作「Slow Food」。如果到濟州島加時里「幸福的農夫料理」，便會遇見朴素姍廚師的Slow Food。

朴廚師在澳洲生活多年，利用5年的時間學習料理，後來到了濟州島。一開始定居地方正是這個叫做「加時里」的村子。加時里在過去曾是上貢給皇上「甲馬」的甲馬場所在地，因此在文化和歷史等方面，這裡都有深遠意義。於是她在這裡也很自然的接觸到了馬，她的第一個創作就是「馬糞餅乾」。使用了濟州的全麥作為食材，簡簡單單地揉麵，再加入巧克力顆粒（蟲子）及椰子絲（草），最後放入烤箱，出爐後不管顏色還是樣子都和馬糞一模一樣。

孩子們透過體驗做馬糞餅乾，親手烘培跟品嚐。馬糞餅乾裡沒有使用牛奶、雞蛋和奶油，只使用了植物油，做餅乾的同時，還能聽到廚師講解土地的重要性、農夫們的辛勞以及農產品的珍貴。接著，透過食物確實地讓孩子們感受環境的重要性和健康的飲食文化。最後把準備就緒的餅乾放進烤箱，在院子裡玩耍的孩子們聞著烤餅乾香氣，表情看起來都十分幸福。

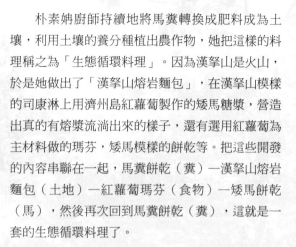

　　朴素姸廚師持續地將馬糞轉換成肥料成為土壤，利用土壤的養分種植出農作物，她把這樣的料理稱之為「生態循環料理」。因為漢拏山是火山，於是她做出了「漢拏山熔岩麵包」，在漢拏山模樣的司康淋上用濟州島紅蘿蔔製作的矮馬糖漿，營造出真的有熔漿流淌出來的樣子，還有選用紅蘿蔔為主材料做的瑪芬，矮馬模樣的餅乾等。把這些開發的內容串聯在一起，馬糞餅乾（糞）—漢拏山熔岩麵包（土地）—紅蘿蔔瑪芬（食物）—矮馬餅乾（馬），然後再次回到馬糞餅乾（糞），這就是一套的生態循環料理了。

- -

地點　제주특별자치도 서귀포시 표선면 가시로 565번길 10 濟州特別自治道西歸浦市表善面加時路 565街道 10號
營業時間　星期一～五 上午9:00~17:00，週末休息
價格　製作馬糞餅乾20,000w，橘皮果醬15,000w，濟州島有機全麥10,000w/kg
電話　064-787-8870
URL　http://www.facebook.com/jejulocalfood
附近觀光景點　표선해비치해변表善海邊，제주민속촌濟州民俗村，김영갑갤러리 두모악 金永甲美術館，일출랜드日出樂園，성읍민속마을 城邑民俗村，따라비오름多羅非岳，조랑말체험공원 迷你馬體驗公園
附近美食餐廳　옛날팥죽昔日紅豆粥（湯圓紅豆粥，湯飯），리틀이태리Little Italy（漢拏峰橘披薩，鮑魚披薩），나목도식당那木都食堂（辣炒豬肉），가시식당佳時食堂（辣炒豬肉），표선어촌식당表善漁村食堂（馬頭魚料理），춘자멸치국수春子鯷魚麵條
附近咖啡廳　시간더하기Sigan Deohagi，모드락 572 Modeurak572，카페오름Café Oreum

擁抱濟州夢想的壽司，
鮨星海（스시 호시카이）

　　位於濟州市的壽司店星Hoshi海kai，據說味道好比擁抱了濟州的星星與大海，這可真是讓人好奇。

　　近來，從都市回到濟州島的廚師越來越多了。鮨星海的林德現廚師也是其中的一位，他畢業於日本最好的料理學校──東京料理專業學校，並在日本東京的壽司名店和清潭洞的高級壽司店累積了多年經驗。回到家鄉以後，擔任起鮨星海主廚，對他來說夢想就是做出最好的壽司。在濟州島上雖然有很多的活魚生魚片店，但讓人感到意外的是高級傳統壽司店卻很難找，這對於喜歡吃壽司的人來說無疑是個好消息！

　　到鮨星海不僅有鯛魚壽司、青花魚壽司、海鮮壽司、石首魚壽司、白帶魚壽司、尾斑光鰓魚壽司、東海鱸壽司、小魷魚壽司，還能品嚐到海膽、鮑魚和石章魚等（聽名字就已經很有濟州風味的壽司了）。這裡用最好的鮮魚做出正宗傳統的壽司。壽司裡的醋很重要，鮨星海是國內第一家使用發酵10年以上的紅醋「AKASI」的壽司店。由於使用了比醬油顏色還要深的AKASI，醋飯的顏色會呈現褐色，即使不加糖也很美味。為了使做出的壽司更加好吃，在選擇食材上，鮨星海也是下了一番苦心，所以壽司的味道也不需要多加說明了。壽司、料理、服務沒有一項是馬馬虎虎的，加上店裡選用的是濟州海裡打撈上來的魚做出的壽司，所以特意跑來品嚐也是不枉此行的。

地點 제주시 오남로 90 濟州市五南路90號

營業時間及休息日 12:00~15:00 / 18:00~22:00，全年無休

菜單及價格 午餐壽司套餐A:38,000w，B:58,000w / 午餐刺身套餐A:68,000w / 午餐當日料理（おまかせ）80,000w~110,000w/ 晚餐壽司套餐：80,000w / 晚餐刺身套餐:95,000w / 晚餐當日料理（おまかせ）140,000w~170,000w

電話 064-713-8838

URL www.jejusushi.com / www.facebook.com/sushi.hoshikai / www.sinstagram.com/sushi.hoshikai / www.twitter.com/sushihoshikai

附近觀光景點 동문시장 東門市場，용두암 龍頭岩，사라봉 沙羅峰，별도봉別刀峰，도두봉 道頭峰，넥슨컴퓨터박물관Nexon Computer Museum，아라리오뮤지엄ARARIO MUSEUM

附近咖啡廳 먹쿠슬낭여행자카페Premium shop & gallery café（芒果冰），설심당 雪心堂（剉冰）

無國界的濟州創意料理，
All that JEJU bistro.spirits
（올댓제주）

　　「All that JEJU」選用濟州島本土種植的四季新鮮食材，是其它地方都品嚐不到的無國界料理，並提供多樣化的酒水。來自世界各地的啤酒以及只有在濟州島上才有的傳統酒，Omegi酒、Gosori酒、Heobeok酒和紅酒，種類非常豐富。

　　All that JEJU的每一道料理都非常講究，他們認為食材的選擇非常重要，鮑魚總是使用活著新鮮的，在濟州大海裡剛捕到的石章魚，以及能用來生吃的青花魚等。

　　濟州青花魚搭配法式長棍麵包的料理，是將青花魚生魚片切成小塊狀拌上調味料，放在麵包上搭配著品嚐。麵包的香脆搭配調味料的清香，加上青花魚的清淡口感十分美味。因為注重食材的選擇，所以青花魚一定要新鮮，（當天的市場如果有新鮮的青花魚）才能品嚐到這道料理。

　　All that JEJU最有人氣的料理是濟州鮮魚起司可樂餅，主材料是叫做魴魚的濟州鮮魚，在魚肉裡加入起司、奶油和洋蔥等，炸成香脆可口的可樂餅。將可樂餅沾些手作的美乃滋塔塔醬一口咬下去，會品嚐到裡外兩種不同的口感，好吃到還會想多吃幾個。除此以外，還有濟州韓牛麵條、碳烤濟州黑豬、青花魚義大利麵、烤大蝦等濟州的創意料理。

　　面向開放式廚房的四張餐桌就是全部的位子了，5點開始營業，接受預約，所以最好預約好再去。All that JEJU也是一個人來旅行時很好的去處，只是空間很小，而且是提供酒水的地方，會限制小朋友入場。

地點　제주시 건입동 중앙로 1길 33 濟州市健入洞 1街 33號
營業時間　17:00~24:00，每週二休息
菜單及價格　經理推薦的套餐70,000w，主廚推薦的套餐50,000w，炭烤黑豬肉14,000w，炭烤雞肉10,000w/18,000w，蒜香脆烤韓牛32,000w，橄欖油烤大蝦12,000w，JEJU TAPAS 15,000w
電話　064-901-7893
URL　http://blog.naver.com/taeeuna76
附近觀光景點　동문시장東門市場，아라리오뮤지엄ARARIO MUSEUM，이호테우해변 梨湖海邊，한라수목원漢拏樹木園，넥슨컴퓨터박물관Nexon Computer Museum
附近咖啡廳　A Factory Café，문화카페왓집文化Space What，먹쿠슬낭여행자카페Premium shop & gallery café（紀念品，蘋果芒果冰），제니의 정원Jenny's Garden，알라스카인제주Alaska in Jeju

嚴選天然食材的好味道，
手作漢堡 Café 2springs
(카페 두봄)

　　濟州西廣里的某個安靜巷口，石牆前的兩棵櫻花樹像是互相搭著肩，它們告訴大家春天來了。一個春天、兩個春天……所以這家店就有了「2springs」如此美麗的名字。

　　像雪花一樣飄落的櫻花樹後面是一間黃色典雅的鄉村房屋，石牆上的橫幅告訴大家這是一家手作漢堡店。進到店內，陽光照得屋子暖暖的，亮色系的裝修給人一種舒適感。

　　2springs給人的舒適感，像是可以品嚐到媽媽的飯菜一樣。這家店堅持選用有機食材，漢堡麵包選用的是Hansalim的全麥麵包（註：Hansalim是以有機農業為基礎，促進生產者和消費者直接交易的合作社），豆腐和蔬菜也都是選用有機產品，黑豬肉是泰興農場供給的豬肉。

　　手作漢堡 Café 2springs追求的是一種健康的自然味道。2springs漢堡食材是豆腐和馬鈴薯還有起司，豆子漢堡是利用大豆做成肉餅，提升了口感，配上手作的洋蔥醬味道更棒，這是一款為素食主義者提供的漢堡。選用無抗生素的濟州黑豬肉做的「黑黑漢堡」，香草搭配厚實的肉餅裝在熱騰騰的盤子裡送上餐桌。除此以外，還有微辣漢堡和韓牛漢堡等。

　　味道不用多說，2springs還非常親切熱情，坐在窗子前面曬著太陽吃著漢堡，真是人生一大享受啊！在這裡可以留下一個美好的回憶。

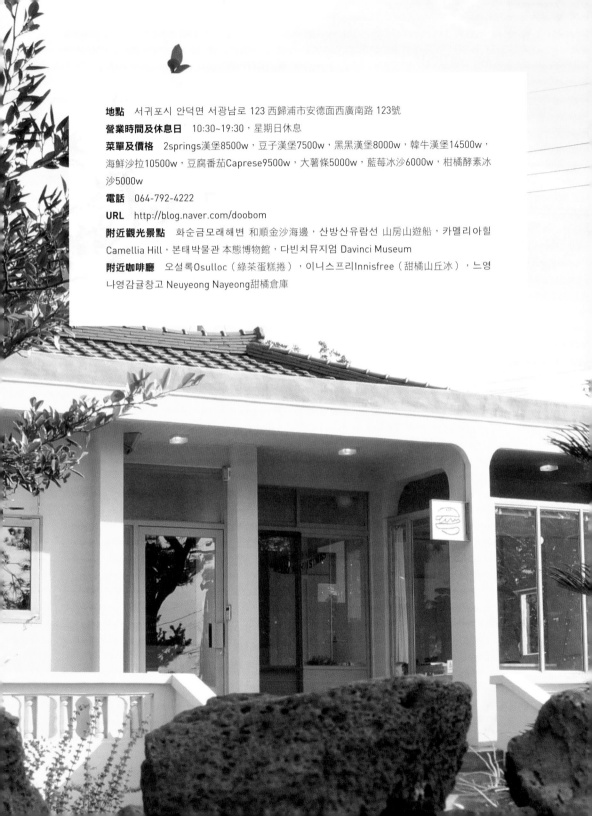

地點 서귀포시 안덕면 서광남로 123 西歸浦市安德面西廣南路 123號

營業時間及休息日 10:30~19:30，星期日休息

菜單及價格 2springs漢堡8500w，豆子漢堡7500w，黑黑漢堡8000w，韓牛漢堡14500w，海鮮沙拉10500w，豆腐番茄Caprese9500w，大薯條5000w，藍莓冰沙6000w，柑橘酵素冰沙5000w

電話 064-792-4222

URL http://blog.naver.com/doobom

附近觀光景點 화순금모래해변 和順金沙海邊，산방산유람선 山房山遊船，카멜리아힐 Camellia Hill，본태박물관 本態博物館，다빈치뮤지엄 Davinci Museum

附近咖啡廳 오설록Osulloc（綠茶蛋糕捲），이니스프리Innisfree（甜橘山丘冰），느영나영감귤창고 Neuyeong Nayeong甜橘倉庫

在濟州島品嚐西西里島，
MODICA（모디카）

　　位於義大利南部的西西里島（Sicily）是擁有歷史與傳統美食的地方，在西西里島可以品嚐到用豐富海鮮做出的美食料理，而西西里島式的義大利餐廳也來到同樣位於海島型的濟州島，它位於翰林邑的MODICA。

　　MODICA的主廚李勝雨的履歷很特別，他平日喜歡料理，於是大膽地辭去了做15的工作，遠赴義大利學習料理，在義大利有名的ALMA義大利料理專業學校畢業後，來到濟州島定居，並開設餐廳。他起初的計劃是留在義大利的餐廳工作，但因為這年紀不適合當一位新手廚師，所以改變了主意。濟州島的遊客來自世界各地，所以他覺得可以在這裡開一家屬於自己的義大利餐廳，經營起了MODICA。

　　MODICA對於義大利料理的標準很高，因此很多對食物很挑剔的人也都給了很高的評價。比起在韓國常見的義式料理，MODICA更傾向於保有義大利當地風味的菜單，可以看到使用了很多濟州島當地新鮮食材的料理，最具代表的是以在濟州島上可以大量捕獲到的魴魚做料理。魴魚雖是在濟州島上常見的鮮魚，但在地中海卻是稱為「John Dory」的高級料理食材。除此以外，還使用了茴香和開心果來料理，以及煨燉黑豬肉，就連餐後甜點也堅持著義大利的傳統，選用濟州島產的食材做出傳統義大利料理的餐廳，我真心推薦給需要浪漫氛圍的情侶和家庭來此用餐。

地點 제주시 한림읍 한림상로 134-5 濟州市翰林邑翰林商路 134-5號

營業時間及休息日 11:30～15:00 / 18:00~22:00 / 星期一只限中午營業，星期二休息

菜單及價格 鮮奶油馬鈴薯&巴西莓佐綠醬汁章魚沙拉 15400w，開心果青醬佐番茄大蝦義大利麵 17600w，番茄醬燉黑豬肉佐瑞可達起司&菠菜義大利餃 19800w，烤起司番茄醬馬鈴薯麵疙瘩17600w，番茄、黑橄欖佐香嫩雞肉22000w

電話 070-4129-0519

URL www.facebook.com/ristorantemodica

附近觀光景點 협재해변 挾才海邊，금능으뜸해변 金寧海邊，비양도 飛揚島，한림공원 翰林公園，더마파크 Deoma Park，저지리문화예술인마을 楮旨里文化藝術人村，낙천리아홉굿마을 樂泉里九巷村，수월봉 水月峰

附近咖啡廳 엔트러사이트 Anthracite，매기의 추억 Café Maggie，카페 닐스 Café Nilseu，카페 그 곳 Café The Got

青年廚師的健康料理，
JEJU Slobbie (제주슬로비)

　　「Slobbie」是來自「Slow but better working people」的新詞彙，Slobbie是指不被快速前進的社會引響，自主性做好自己的工作，並懂得享受生活的人。「Slobbie生活」是一家如同Slobbie意義的公司，為在都市裡夢想更美好生活的人提供空間，追求生活方式的設計公司。

　　JEJU Slobbie是青少年料理學校「YOUNG CHEF SCHOOL」的畢業生開設的青年餐廳。JEJU Slobbie選用當地的農產品料理出當地的美食。

　　位於涯月邑的JEJU Slobbie的招牌料理是涯月拌飯、農夫的濃湯、濟州石頭麵包、曉星豬肉岳等。涯月拌飯選用了生長在涯月的馬蹄菜，不需要任何的醬料，多種蔬菜和蘑菇醬菜拌在一起吃，即可以品嚐出食材原本的味道又有益健康。此外，讓人聯想到黑色玄武岩的濟州石頭麵包和農夫濃湯套餐，農夫的濃湯雖然是橙色的，但那可不是甜南瓜濃湯，它是濟州馬鈴薯、紅蘿蔔和洋蔥等和甜根菜一起熬煮而成的。曉星豬肉岳，選用了濟州的五花肉，花長時間煮熟後配上店裡特製的醬料完成的蓋飯，散發著淡淡紫蘇葉香氣的美食。

　　JEJU Slobbie的年輕人才不僅限於此，他們還不斷地研發，利用濟州當地食材創新料理。JEJU Slobbie入口處的ECO SHOP出售著來自公司、個人或當地農民的農產品。

地點　제주시 애월읍 애월로 4 애월이사무소 濟州市涯月路 4號 涯月里事務所

營業時間及休息日　11:00～21:00 每週星期二休息

菜單及價格　濟州石頭麵包5000w，涯月拌飯9000w，弘大咖哩10,000w，鮮蝦奶油義大利麵15,000w，茄子在內濟州在外14,000w

電話　064-799-5535

URL　http://blog.naver.com/jejuslobbie

附近觀光景點　곽지과물해변 郭支海邊，한담해변 韓潭海邊，테지움 泰迪熊博物館，프시케월드 Psyche World，렛츠런파크 Let's Run Park，새별오름 曉星岳，성이시돌목장 Seongisidol牧場，금오름金岳，헬로키티아일랜드Hello Kitty Island，더럭분교 多樂本校

附近咖啡廳　리치망고 Rich Mango（鮮芒果汁），살롱드라방 SALON de LAVANT，까미노 CAMINO，앤디앤라라 ANDY&LALA

健康的濟州當季便當，
Season Box (시즌박스)

　　天氣好的時候若想要出遊野餐，要準備的事情可不少。若想野餐就要早早起床準備食物，但這在旅行時是很難做到的事情。如果想和情人帶著準備好的便當到山丘或海邊野餐的話，直接到南元邑的Season Box就可以了。

　　Season Box乍看會誤認為是加油站，但原來是加油站改建的可愛餐廳。從「Season Box」的名字就可以知道，這是家以濟州當季食材來做便當的餐廳。春天的時候，使用春天的野菜做成牛肉野菜蓋飯，夏天的時候有石章魚涼麵，秋天的時候有炸小魷魚和蓋飯等，不同的季節菜單也都不一樣。橘子做的糖漿，使用在各種料理中來取代調味料，醃製的小菜也會隨著季節的變化而改變。

　　最具人氣的是濟州豬肉手作漢堡套餐、又甜又辣的炒魷魚五花肉蓋飯、濟州石章魚涼麵、濟州可樂餅，還有自己泡製的柑橘生薑茶。炸豬排套餐適合小朋友，石章魚涼麵配上黃芥末醬的味道可以讓夏天更加沁涼，想吃大份量的還可以選擇魷魚五花肉蓋飯。飯後甜點是加入金桔漿的手作優格。此外，如果是團體訂餐，要在三日前預定以便準備食材。

　　從「帶著便當到景色美的地方野餐吧」的概念，到便當的包裝都十分用心，餐廳內部的裝潢也十分乾淨，在溫馨舒適的環境裡用餐真的很愉快。

地點 서귀포시 남원읍 태위로 154 위미주유소 西歸浦市南元邑泰為路154號 為美加油站

營業時間 11:00~21:00（15:00~17:00休息），每週三休息

菜單及價格 甜辣魷魚五花肉蓋飯7000w，幹松黑豬肉蓋飯7500w，什錦蘑菇辣蔬菜蓋飯7500w，濟州豬肉手作炸豬排套餐9500w，青蔥炸豬排蓋飯8000w，濟州石章魚涼麵8500w

電話 070-7745-3577

URL http://www.seasonbox.co.kr

附近觀光景點 코코몽 에코파크 Cocomong Eco Park，남원 큰엉해안경승지 南園海岸景勝地，위미 동백나무 군락지 美山茶樹群落地，휴애리 자연생활공원 Hueree自然生活公園，사려니오름思連伊岳

附近咖啡廳 카페숑 Café Syong，와랑와랑Warang Warang，시스베이글Sis Bagel，카페 서연의 집Café DE SEOYEUN（建築學概論）

誠意十足的道地農家餐廳，
富農

在山丘東側的中山間村子道路，比起其它地方要顯得閒寂些，因此這一帶的餐廳很少。我曾經幾次經過這裡想要找家餐廳吃飯，但沒有找到，最後只好走到城山或市區。

現在則開了家叫做「富農」的餐廳。把從前的農舍改建成了食堂，由部落客「Dunginim」、「Syaihong」、「Mongdol」三個人共同經營，他們的故鄉都不同，因為都喜歡濟州島和攝影而成為了朋友。鮮明的橘黃色建築上掛著的深褐色帽子模樣的招牌，那招牌是以2000:1的競爭率在NAVER韓文招牌中評選出來的，他們很幸運的得到了濟州島上唯一使用富農的招牌。

「富農」是「心靈富裕的農夫」的縮語，也是以富農的心態來料理的意思，菜單只有一種，以濟州島當地特產食材來料理。涼拌野菜、大醬拌飯和大醬湯、黑豬肉餅、濟州菇沙拉、濟州小魷魚、辣炒濟州黑豬肉和飯後甜品，全部只要1萬元韓幣（約台幣300元）。雖然菜色很樸素，但卻能吃得很滿足，如同媽媽做的家常菜一樣。

店家每天早上到市場買菜回來準備，料理與點餐同步進行，因此有時材料沒有了還會提早打烊。除不得已的情況以外，都會到農場親自採摘香菇，沙拉用的蔬菜也是使用在田地裡耕種的。肉類和海鮮等也都是使用產自濟州島的新鮮食材。料理用的醬料都是親手做的，餐後還會提供手作漢拏峰茶或柚子茶。

地點 제주시 구좌읍 중산간동로 1863 濟州市舊左邑中山間東路 1863號

營業時間及休息日
10:00~17:00，星期三休息

菜單及價格 農家飯桌10,000w（菜系隨著季節變化組成）

電話 064-782-9594

URL http://boonong.mobilefarms.com/Dunginim
http://blog.naver.com/sky047000/Mongdol http://blog.naver.com/kangdagu36/Syaihong http://shyhong.com

附近觀光景點 세화해변 細花海邊，제주해녀박물관 濟州海女博物館，메이즈랜드 迷路公園，바지림 榧子林，용눈이오름 龍眼岳，다랑쉬오름 大朗秀岳，월정리해변 月汀里海邊，김녕성세기해변 金寧海邊，김녕미로공원 金寧迷路公園

附近咖啡廳 구좌상회 舊左商會，풍림다방 風林茶坊，Jeju in aA，바보카페 Babo Café，바다는 안보여요 看不見海，카페동네 Café DongNe，월정리로와 Wol JeongRi RoWa，조끌락카페 jjokkeullak café，산호상점 珊瑚商店

Gotjawal（樹石森林）
—
Inspiration from Jeju

心動濟州 04

濟州島上有在別處看不到的極具特色的樹林，大致分佈在四個地方，是世界上唯一一處北方與南方邊界植物共存的樹林。濟州方言的「곶got（樹林）」和「자왈jawal（石頭）」的合成詞「Gotjawal」，該樹林是火山噴發時熔岩凝固後形成岩石塊，在岩石塊的縫隙間樹木生根形成的樹林。經年累月之後，樹木破石生根，看到它們如此執著頑強的生命力，總是會在心中燃起敬意。

置身歐洲般的火車之旅，

生態樂園

✗

　　生態樂園是一處可以搭乘經典的蒸汽火車，觀賞濟州島美麗自然景觀的觀光區。火車會經過四個站，沿路可以看到擁有湖水和風車的草原、兒童樂園、生態大道和歐式香草庭院。火車開到風車和湖水邊時，會有一種置身在歐洲的錯覺，但穿行在到處都是「蕨類植物」的Gotjawal（樹石森林）時，又將我們拉回感受濟州原始的風貌。在生態大道的Gotjawal散步小路上，講解人員會利用20～30分鐘的時間介紹，一天只進行三次。推薦走一次10分鐘左右的短程路線，體驗赤腳走在利用火山灰粒，紅色火山泥鋪成的路，這是體驗濟州的方法。與其說這裡是保有自然原貌的Gotjawal，不如說Gotjawal是為了觀光而鋪上道路形成的。

地點　제주시 번영로 1278-169 濟州市繁榮路1278-169號

營業時間　**夏季**08:30~18:00 / **冬季**08：40~17:00

體驗時間　Gotjawal解説 11:00，13:00，14:00（星期五除外），15:00

入場費　成人12,000w，青少年10,000w，兒童8,000w

電話　064-802-8020

URL　http://theme.ecolandjeju.co.kr

附近觀光景點　함덕서우봉해변 咸德犀牛峰海邊，다희연 茶喜然，거문오름 拒文岳，산굼부리 山君不離，절물자연휴양림寺泉自然休養林，사려니숲思連伊林，돌문화공원石頭文化公園，붉은오름자연휴양림 赤岳自然修養林，노루생태관찰원獐鹿生態觀察園

附近美食餐廳　도구리슬로푸드 Doguri Seulro Food（麴醬，大醬），장원삼계탕 長園蔘雞湯，스페니쉬쓰리몽키즈 SPANISH3MONKEYS（西班牙料理），방주식당 方舟食堂（馬蹄葉餃子，豆漿冷麵），낭뜰에쉼팡 林中休息站（生菜包飯，醬味拉麵），교래손칼국수 橋來刀切麵，성미가든 城美花園（雞肉火鍋），길섶나그네 路邊過客（蔬菜包飯定食），뜰향기 庭院香氣（蔬菜包飯定食）

附近咖啡廳　프롬제이 From J，귤꽃橘花，라포레사려니 La Foret SaRyeoni，구름언덕 雲岳，다희연동굴카페 茶喜然洞窟咖啡廳

賞螢之旅，
清水Gotjawal
（蟲鳴樹石森林）

X

在清水Gotjawal可以看到如同滿天星星一般的螢火蟲。雖然在濟州的市區也偶爾可以看到一兩隻螢火蟲，但清水Gotjawal的夜晚可以說是一場SHOW了。這場SHOW的主角是1931年在慶尚北道清道郡雲門山首次發現的「雲門山螢火蟲」。清水Gotjawal是雲門山螢火蟲最大的棲息地，從6月中旬到7月間，有數不盡的螢火蟲飛來飛去。去看螢火蟲的時候，如果是好天氣，建議穿一身黑色的衣服，盡可能的減少照明和輕聲前往。

地點 제주시 한경면 청수리 濟州市翰京面清水里
營業時間 20:30以後（建議天色變黑後前往）
入場費 免費
電話 064-773-1949，064-773-1949，064-773-1494
附近觀光景點 오설록 티스톤 Osulloc Tea Stone，이니스프리 제주하우스 Innisfree Jeju House，더마파크The Ma Park，생각하는 정원思索之苑，유리의성玻璃之城

樹石森林的
縮小版，
幻想森林

✗

幻想森林為遊客提供1km左右的短程路線，每小時可以與解說員一起同行，悠閒的散步，聽到幻想森林老闆的經驗談和有關在幻想森林自我療癒的故事。解說簡單易懂，適合第一次到濟州島來玩的人，往返所需時間不超過一小時，是可以輕鬆行走的距離。推薦給第一次到濟州旅行的遊客們。

地點 제주시 한경면 녹차분재로 594-1 濟州市翰京面綠茶盆栽路 594-1號

營業時間 冬季09:00~17:00 / 夏季09:00~19:00 / 星期日上午休息

入場費 成人5000w，兒童4000w（腳踏車，步行遊客優惠1000w）

電話 064-772-2488

URL http://www.jejupark.co.kr

附近觀光景點 오설록 티스톤 Osulloc Tea Stone，이니스프리 제주하우스 Innisfree Jeju House，더마파크The Ma Park，생각하는 정원思索之苑，유리의성玻璃之城

05

—

The lodgings of Jeju

當個短暫濟州人的
住宿推薦

當你到了濟州,首先要有個「安身之處」。想要住在像私人別墅一樣,既可以休息又可以充分放鬆享受的公寓,還是可以徹底感受濟州島生活的住處。本篇從價格平實的民宿到奢華高價的私人出租公寓,通通介紹給你!

高內里圍牆散發出的青春氣息，
TORI Cottage (토리코티지)

　　散發著濃郁濟州氣息的石屋，只有在濟州島可以看到這樣的房屋，因此它的價值甚高。孕育了200年歷史的石屋，TORI Cottage X KAAREKLINT將它的過去與現代充分結合，在濟州島涯月建起了私人出租民宿。

　　座落在濟州市涯月邑高內里的TORI Cottage，原封不動地保留了石屋的外牆和架構，因此可以完整地感受到舊居的歷史。石屋仍舊是村子的一部分，將它設計的更貼近符合濟州的情調，保留了原有的圍牆高度，隔牆遇見鄰居老人家時，還可以和對方打個招呼。事實上，這也是為了可以和村民有所交流，讓遊客在短期的旅行中，體驗到濟州島島民的生活。

　　重新裝修傳統石屋的時候，大家都為了該保留什麼、該捨棄什麼而感到苦惱。TORI Cottage把所有的重點，都放在「人」的身上。濟州島的傳統房屋結構，內房和外房以及畜舍都沒有變動，還有在那個空間裡祖先們進進出出的大門和路也都保持原貌。保留7代人在這裡生活並傳承下來的格局，相信一定有什麼我們不知道的理由。要強調的是，原貌才是真正的濟州島文化，它一定是祖先們根據氣候環境，留下來的建築智慧，也許那才是最有效率的空間設計。

在堅持著固守傳統的重新裝修過程中，很遺憾的是外房倒塌了，沒有辦法，只能重新建造。建造時屋主原本可以考慮將位置和結構變換，可以擴大些空間，但最後還是保留傳統舊居的結構。為了不使原有的舊居失色，在設計時新舊的平衡考慮得相當周全，因為現代人的身高比祖先們高，所以建築的高度略微提高了些。

TORI Cottage的裡外設計讓現代與過去共存。內部舊居的柱子保持原樣，修建時發現的石碾，放置在庭院裡，有造景的作用，屋主為了保留歷史的痕跡，真的費了一番苦心，這將成為旅行時，旅人們暫住在此的一個特別體驗。站在TORI Cottage院子裡的蓮池旁，會有種坐上時光機器，穿梭在過去與現在的感覺。坐在新建築的客廳裡，身體舒適地停留在現代的同時，還能看到窗外呈現的濟州景色，沉浸在濟州的風情當中。餐廳的流理台和BBQ烤肉爐佈置溫馨，是可以讓做料理的人和品嚐料理的人都樂在其中。游泳池就設計在眼前可以看得到的地方，這樣就不用擔心顧不到玩耍的孩子們了。

這家出租的房屋全名為「TORI Cottage X KAAREKLINT」是原屋「TORI Cottage」與品牌「KAAREKLINT」的跨界合作。TORI Cottage 李創傑老闆可以說是跨界合作上的鬼才了。首次跨界合作的夥伴是Kaare Klint，它是弘大畢業的3名年輕設計師合夥創辦的北歐式家具品牌。TORI Cottage從那次之後，陸續地與Christophe choi、Brown Hands、A.NATIVE、Hasisi Park等國內年輕設計師們，持續地進行合作。

地點 제주시 애월읍 고내로 7길 10-2 濟州市涯月邑高內路7街 10-2號

入住退房時間 入住15:00 / 退房11:00

住宿費用（韓幣） 6～8人 / 臥室 2個，暖炕房 1個/ 平日50萬元（冬天40萬元，旺季60萬元）/週末55萬元（冬天45萬元，旺季60萬元）

電話 010-2695-2369

URL http://tori-kaareklint.com

附近觀光景點 더럭 분교 多樂本校，애월해안도로 涯月海岸道路，곽지과물해변 郭支海邊，한담해안산책로 韓潭海岸散步路，프시케월드 Psyche World，렛츠런파크 Let's Run Park

附近美食餐廳 白色城堡（生魚片），더돈Deodon（烤肉），비바라짬뽕VIVARI JJAMBBONG（中式），제주슬로비Jeju Slobbie（本土風味），곤밥보리밥 Gonbap大麥飯（大麥飯），키친후거Kitchen Hygge（丹麥料理），뚱딴지Ttungttanji（活魚福湯），아루요ARUYO（長崎炒碼麵），오크라OKRA（手作炸豬排），카페태희Café Tae Hee（Fish & Chips），몬스터Monster（吉拿棒），꽃밥 Kkotbap（韓定食），스티브트럭새우Steve's truck shrimp，밥깡패Bap Kkang Pae（義大利麵）

附近咖啡廳 리치망고 Rich Mango（鮮芒果汁），살롱드라방 SALON de LAVANT，까미노 CAMINO，앤디앤라라 ANDY&LALA

TORI Cottage × 其它跨界合作夥伴

+ TORI Cottage × Christophe choi：與婚紗設計師Christophe choi合作，以「女性的空間」為主題，專門為女性們準備的浪漫公寓。

+ TORI Cottage × Brown Hands：以400人的理想住家作為設計基礎，與家具品牌Brown Hands攜手打造的位於涯月新嚴里的民宿。

+ TORI Cottage × A.NATIVE：以露營品牌A.NATIVE視角，區分室內與室外的浪漫Glamping&民宿。

+ TORI Cottage × Hasisi Park：借用充滿個性的攝影師Hasisi Park的視覺感官，透過窗戶把碎布塊一樣的濟州田地當作攝影作品的TORI Cottage，是第五處民宿。

像酒店一樣舒適的民宿，
PLACE（플레이스）

　　普通的民宿是指一般的住家裡，把多餘房間借給客人住宿的形態。因為是進入他人的生活領域，所以最好不要期待會有酒店那樣整理完善的房間。但民宿如果也像酒店一樣分等級的話，那麼這裡我想標記為「五星級民宿」！

　　在濟州島西南側正好面對山房山的和順文化村，住著一對享樂人生的年輕夫妻。他們居住的「PLACE」，有兩個房間可以提供給客人。

　　這裡有石牆環繞的現代式住家和鋪著草地的院子，還有種植早餐沙拉所需的小蔬菜園。進入房子內部，是共同使用的餐廳和客廳空間。家裡的小擺設、布料、家具、相框等，每一個細節都十分用心。房間裡的床和窗簾，浴室用品和其它設備也都準備的十分有質感，簡直和酒店的房間沒有什麼兩樣，評價為五星級民宿是有它的理由的。

　　PLACE是有提供早餐的兩人房民宿。早餐提供水果、沙拉、咖啡、果汁、羊角麵包、貝果麵包和法式吐司等。廚房是吃飯喝茶或看書等，大家共同使用的空間。屋主總會為住宿的客人提供一瓶水、一罐啤酒。還提供租借冬天登山時，所需的登山杖和冰爪，夏天玩水時需要的涼蓆、帽子、料理設備、冰盆和浴巾等。

地點 서귀포시 안덕면 화순문화로 17-28西歸浦市安德面和順文化路 17-28號

入住退房時間 入住17:00~21:00 / 退房11:00

入住費用（韓幣） 週末，連假都是11萬元 / 旺季 15萬元 /連住優惠

電話 010-8990-5572

URL http://placelikehome.co.kr

附近觀光景點 용머리해안 龍頭海岸， 산방굴사 山房窟寺，사계해안 沙溪海岸，송악산 松岳山 ，안덕계곡 安德溪谷

附近美食餐廳 산골숯불왕소금구이山溝炭火大粒鹽烤肉，두봄 2Springs（手作漢堡），알동네집Aldong Nejip（蜂窩煤烤肉），명리동식당名利東食堂（什錦烤肉），춘심이네 春心之家（烤刀魚），운정이네 雲情之家（在地料理），하르방밀면 哈魯邦（海螺刀切麵），부두식당 布頭食堂（醬煮刀魚，魴魚生魚片），덕승식당 德勝食堂（醬煮刀魚），옥돔식당 Okdom食堂（海螺刀切麵），홍성방 （炒碼麵，젠하이드어웨이 제주（義大利麵）

附近咖啡廳 오설록Osulloc（綠茶蛋糕捲），이니스프리Innisfree（甜橘山丘冰），느영나영감귤창고 Neuyeong Nayeong甜橘倉庫，소자38 Soja38，레이지박스LAZY BOX，물고기카페 Mulgogi Cafe

取之自然、回歸自然，
濟州新村石屋

　　在濟州島新村大碼頭附近，有一戶被垃圾堆滿的住家，誰都不敢冒然接手打理，就那樣放置了20多年之後，終於出現看到垃圾堆中的價值的主人了，最後建造出濟州新村石屋。

　　熱愛濟州島，懂得濟州情趣的人，都會有想在濟州島擁有一間石屋的幻想。濟州島石屋的魅力是它富含著歲月的痕跡。保有幾分石屋原有的情趣，如何改造繼續使用，這便左右了石屋的價值。

　　堆滿灰塵的老舊石屋的新主人，體會到了它內外痕跡的重要性。室內的椽子和正樑，以及其他的木質支架都在保留住原樣的基礎上修建完成。再加上有默契的一對夫妻一起打造，一個是建房做木工的達人，一個是裝潢家居、修整庭院的達人。在一部分的拆除工作中，留下的石頭和木材，考慮到環保問題，盡可能的都再次利用。因為是過去的老房子，廁所在很遠的地方，因此改造的過程中將廁所遷移到了房屋的旁邊，再把剩餘的石頭堆放在廁所周圍，這樣看起來廁所就與石屋成為一體了。把不需要的奠基石鋪在了入口成為了石路，改造整理的過程中，出現的各種枯木，也都用在了床、餐桌、化妝台、椅子、置物架等室內

的家具和裝修材料。70年代使用過的長線式老式開關也再次登場。

　　主人憑藉著天生的藝術感，把要丟棄的東西再次回收創造。很多人被這些小小的細節所感動。而女主人憑藉養花技術成了部落客達人，精心布置著讓室內和院子都成了花園。夏天在陰涼處拉起吊床躺著乘涼，下雨天就在屋簷下聽著雨聲品著茶，不知不覺時間就過去了。

· ·

地點　제주시 조천읍 신촌 5길 30 濟州市朝天邑新村5街30號
入住退房時間　入住16:00 / 退房11:00
入住費用（韓幣）　17萬元 /連住時隔天起15萬元 /旺季22萬元
電話　010-8660-4772
URL　http://ckr4772.blog.me
附近觀光景點　함덕서우봉해변 咸德犀牛峰海邊，서우봉둘레길 돌하르방공원，犀牛峰步道多爾哈魯邦公園，다희연 茶喜然，거문오름 拒文岳，에코랜드 生態樂園，산굼부리 山君不離，절물자연휴양림寺泉自然休養林 사려니숲길連伊林蔭路， 돌문화공원 石頭文化公園，붉은오름자연휴양림赤岳自然休養林
附近美食餐廳　잠녀해녀 촌 潛女海女村（水拌生魚片、鮑魚粥），버드나무집 柳樹家（海鮮刀切麵），숨어있는집 隱藏之家（炸雞），모닥식탁MODAK食堂（咖哩），신촌덕인당 新村德仁堂（濟州大麥麵包），도구리슬로푸드 Doguri Seulro Food（麴醬，大醬），장원삼계탕 長園蔘雞湯，스페니쉬쓰리몽키즈 SPANISH3MONKEYS（西班牙料理），방주식당 方舟食堂（馬蹄葉餃子，豆漿冷麵），낭뜰에쉼팡 林中休息站（生菜包飯，醬味拉麵），교래손칼국수 橋來刀切麵，성미가든 城美花園（雞肉火鍋），길섶나그네 路邊過客（蔬菜包飯定食）
附近咖啡廳　프롬제이 From J，귤꽃 橘花，라포레사려니 La Foret SaRyeoni，카페1024 CAFE1024，구름언덕 雲岳，다희연동굴카페 茶喜然洞窟咖啡廳

嘘！這裡暫時
是我的鄉村別墅，
Otium（오티움）

　　「Otium」是拉丁語「什麼都不做的悠閒時間」的意思。羅馬時代的Otium意味著疲累不堪的都市人，為了在安靜的鄉村別墅裡思考而度過的悠閒時光。渴望得到這樣時間，不論是在羅馬時代還是現在都是一樣的。濟州Otium正是這樣，可以不被任何人打擾，擁有充分休息的地方。

　　Otium歷時1年才完工，濟州傳統房屋結構，建在寬闊草地的正中央，兩棟建築之間的路是用火山泥鋪成。一個是擁有兩個臥室和兩個浴室，還有更衣室和客廳等的建築，另一個較小的建築是料理設備齊全的廚房兼小餐廳。

　　Otium最大的優點是，兩個建築都不會和陌生人共用，完全可以像在自己或朋友家一樣使用，沒有和陌生人碰面的機會，可以和朋友們享受私人的時間與空間。

　　Otium的附近是典型的鄉村，都是老爺爺和老奶奶居住的鄉村住家。在幽靜的地點建起的Otium，以有品味的窗框和屋頂，簡單乾淨的白色外牆，裝飾出現代和傳統共存的樣子。石牆的原型並未徹底抹去，在白色的基礎色調上，點綴了黑色，鋼筋的選擇增加了不少現代的感覺。有文青氣息的旅人更會被Otium所吸引，在住宿的地方可以讀到各式各樣的書，足足放置300多本在那裡。最棒的是屋內軟質浴缸——柔軟舒適的新材質緩衝浴缸，既不會打滑也不堅硬，非常溫和舒適。把旅行時的疲勞身體交給它，享受下窗戶外面的石牆、庭院還有陽光的濟州三重奏吧。

地點　제주시 구좌읍 면수길 4 濟州市舊左邑面首街 4號

入住退房時間　入住16:00 / 退房11:00

入住費用（韓幣）　全員4名 / 平日28萬元，週末30萬元 /連住時優惠，旺季時增加費用

電話　010-9609-3733

URL　http://www.otium.co.kr

附近觀光景點　세화해변 細花海邊，해녀박물관 海女博物館，바지림 榧子林，월정리 月汀里，메이즈랜드 迷路公園，용눈이오름 龍眼岳，월정리해변 月汀里海邊，성산城山，섭지코지 涉地可支，김녕성세기해변 金寧海邊，김녕미로공원 金寧迷路公園

附近美食餐廳　다래향 多來香（炒碼麵），명진전복 明進鮑魚（鮑魚石鍋飯），재연식당 才然食堂（定食），평대스낵 PyeongDae Snack（辣炒年糕，炸物），알이즈웰 aal is well（義大利麵）， Dam（ 麵醬），부농 富農（在地料理），라마네의식주 Ramane（米線，越式法國麵包）

附近咖啡廳　구좌상회 舊左商會，풍림다방 風林茶坊，Jeju in aA，바보카페 Babo Café，바다는 안보여요 看不見海，카페동네 Café DongNe，월정리로와 Wol JeongRi RoWa，조끌락카페 jjokkeullak café，산호상점 珊瑚商店，카페마니 Café Mani

漢東里的復古式石屋，
兔洞民宿Rabbit Hole
（토끼굴 게스트하우스）

　　愛麗絲魔境夢遊中的名字——兔洞。兔洞民宿與它的名字相符，地點位於島上相對來講比較安靜的舊左邑漢東里，而且還是村子裡面最深處的一家石屋。它隱藏的很好，可謂是「名副其實」的民宿。民宿主人說，一開始就鎖定尋找安靜村子裡的角落。

　　兔洞民宿有客房、廚房和陽台。說起民宿，給人的印象是很多人像棋子一樣借住在一起，但兔洞卻是2人房的民宿，根據人數還可以提供獨房，房間的後面，有用石牆圈起來的庭院，那裡是一處想在長椅上睡上一兩個小時的秘密花園。外部設有餐廳，是共同使用的空間，在那裡可以看書或者喝咖啡。在餐廳旁邊的樹蔭下可以吊起吊床或者坐在角落的長椅上納涼，2樓的陽台還可以看到大海和風車。

　　兔洞民宿可以用一句話來形容，「這是一處現代品味感和手作懷舊感共存的石屋」。進入房間，內部的中門是保留著歲月烙印的韓屋門，它既成為了房間的中心也與柱子、椽子和置物板等彼此協調。牆壁是白色的，沒有多餘的擺設，裝潢十分簡約，讓人心裡感到很舒適平靜。

　　牆壁和室內裝修會感到有種復古式的溫暖。後來才得知，民宿老闆是兩個好朋友一起經營，二人都是一邊學習一邊完成裝修、木工、堆石頭、家具、粉刷牆壁等一切工作。更讓人吃驚的是，兩個人都是非常年輕的女生。她們在尋找拆除和施工的公司時，拜訪了二十多家廠商，但都沒有找到合適的合作夥伴，於是擱置了4個月的時間。最後她們決定開始學習施工、電氣、管路、熔接，除了屋頂以外的所有施工工作，都是兩個小女生親手完成的。不論是36度的炎夏在院子裡堆石牆，寒冷的冬天裡剪裁石

膏板，用機器整理草皮，最後手指頭都受傷到無法彎曲，聽了她們的故事後，讓我覺得這世界上再也沒有她們做不到的事情了。兔洞民宿能夠給人一種溫馨舒適的感覺，我想這之中一定也注入了她們的用心與真誠！

....

地點　제주시 구좌읍 한동리 1502번지 濟州市舊左邑漢東里 1502號
入住退房時間　入住16:00～22:00 / 退房10:00 /熄燈時間 11:00
入住費用（韓幣）　包棟11萬元 / 2人房 6萬元 / 4人房 10萬元/ 根據人數優惠及續住優惠
電話　010-8288-7781
URL　www.rabbitholjeju.com
附近觀光景點　세화해변 細花海邊，해녀박물관 海女博物館，바지림 榧子林，월정리 月汀里，메이즈랜드 迷路公園，용눈이오름 龍眼岳，월정리해변 月汀里海邊，섭지코지 涉地可支，김녕성세기해변 金寧海邊，김녕미로공원 金寧迷路公園
附近美食餐廳　다래향 多來香（炒碼麵），명진전복 明進鮑魚（鮑魚石鍋飯），재연식당 才然食堂（定食），평대스낵 PyeongDae Snack（辣炒年糕，炸物），알이즈웰 aal is well（義大利麵），Dam（麵醬），부농 富農（在地料理），라마네의식주 Ramane（米線，越式法國麵包）
附近咖啡廳　구좌상회 舊左商會，풍림다방 風林茶坊，Jeju in aA，바보카페 Babo Café，바다는 안보여요 看不見海，카페동네 Café DongNe，월정리로와 Wol JeongRi RoWa，산호상점 珊瑚商店，카페마니 Café Mani

尊重旅客自由的
MIDO共和國，
MIDO青年旅館 (미도 호스텔)

　　MIDO青年旅館的誕生要從潤德真老闆的環遊世界旅行開始講起，他利用將近1年的時間走遍世界，領悟到「自由」是多麼的重要，在他親眼看到了羅德島、聖托里尼、復活節島等世界有名的島嶼之後，更加肯定了擁有自然景觀的濟州島是可以與之並列。

　　潤德真老闆勘察了很多的青年旅館和民宿，還直接進入公司當起員工，累積經驗和準備時間很長。他發現建於1977年的大型MIDO場旅館，與名為Cho-partners的設計公司合作，重新打造出「MIDO青年旅館」。

　　MIDO青年旅館，將MIDO場旅館解體過程中清理出來的頂棚裝修材料、門窗以及老式照明燈等重新加以利用，桌子、牆面、抽屜、天棚等保持原樣。就這樣MIDO青年旅館的各個角落都保留了MIDO場旅館40年的歷史。

　　擁有2人房、3人房、女性專用、男性專用等20多間客房和2樓的露台，MIDO 青年旅館已經在年輕的旅行者之間小有盛名了。潤德真老闆在世界各地旅行的經驗，讓他在準備青年旅館時有很大的幫助，他把象徵著自由、尊重、文化的三種理念設計進旗幟裡，以「私人國家」的形態創建了「MIDO共和國」。帶著MIDO共和國的理念，為投宿在青年旅館的旅客們提供自由舒適開放的空間。Check in和Check out 在出入境接待處辦理，Check in的時候還要填寫「入境申請」，對旅客來說，這些小經驗都將會成為有趣的特別的回憶。

地點　서귀포 동문동로 13-1 西歸浦東門東路 13-1號

入住退房時間　入住15:00 / 退房11:00

入住費用（韓幣）　寢室（8人）2萬元 / 寢室（6人）2萬2千元 / 寢室（4人）2萬4千元 /2人房 6萬元 / 3人房 8萬元 / 3人房+陽台 8萬5千元

電話　064-762-7627

URL　www.midohostel.com

附近觀光景點　이중섭 문화거리 李仲燮文化街，정방폭포 正房瀑布，천지연폭포 天地淵瀑布，서귀포 잠수함 西歸浦潛水艇，왈종미술관 Wal Art Museum，외돌개 獨立岩，쇠소깍 牛沼河口，천지연폭포 天地淵瀑布 엉또폭포 Eongtto瀑布

附近美食餐廳　서귀포맛집 팔팔西歸浦美食餐廳88（精肉食堂，海鮮湯），쌍둥이횟집雙胞胎生魚片店，어진이네횟집魚珍之家生魚片店（水拌生魚片），천짓골식당CheonJitgol食堂（濟州島黑豬肉），진주식당珍珠食堂（道地傳統料理），관촌밀면關村小麥麵（餃子，小麥麵），새로나분식Saerona Snack（套餐），우정회센타友情生魚片中心（秋刀魚紫菜捲飯），네거리식당Negeori食堂（刀魚湯），삼보식당三寶食堂（道地傳統料理），자매국수姊妹麵條

附近咖啡廳　카페드스웨이CAFÉ DU SWAY，테라로사TERAROSA，비농Banong

走到秘密小徑的盡頭笑了，
BIROSO 4'33''Stay & Salon

　　沿著彎彎曲曲的，像是韓劇《秘密花園》裡出現的幽靜鄉村小路走下去。當心中開始懷疑「這樣偏僻的地方真的會有住家嗎」的時候，便會在柑橘田之間看到一處與多雨多風的濟州很相配的三角形屋頂。「BIROSO」的名字來自「走到秘密小徑的盡頭笑了」的意思。

　　後面的數字433是來自美國現代音樂家John Cage的曲子4'33''。Everything we do is music。John Cage說，我們周圍的所有聲音都可以成為音樂。BIROSO433的所在地是幽靜的村子，在這裡可以體驗到John Cage所說的，心靈的音樂、沉默的奏鳴曲、大自然的演奏。

　　BIROSO433 Stay比起營造家一般的安逸感覺，更著重營造出只有在這裡才能感受到的氣氛和視覺效果。希望旅行的時候，比起安樂更應該有一種不同的體驗。BIROSO的前面是一大片麥田，每個房間都帶有陽台，可以看到南元大海，使得在房間也能接近自然。

　　BIROSO433 Salon是從前的柑橘倉庫改造而成的，用於咖啡廳、餐廳、劇場或書房等多用途的共有空間。以木材和水泥為主，保留了倉庫原有的感覺。親手打造的桌椅和濟州的風味很搭配，營造出一種非常自然的感覺。瓷、瓦加以點綴，顯得復古懷舊又讓空間看起來十分簡潔。庭院通往柑橘田的寂靜小徑，在冬天的時候走進田地間，可以真正地感受到濟州風情。

地點　서귀포시 남원읍 태위로 510　79-33 西歸浦市南元邑泰尉路510街79-33號

入住退房時間　入住16:00 / 退房11:00

住宿費用（韓幣）　2人室4間，3人室2間 / 2人室非旺季11萬元，旺季 16萬元 / 3人室非旺季13萬元，旺季18萬元

電話　010-6272-1281

URL　www.biroso.co.kr

附近觀光景點　쇠소깍 牛沼河口，남원큰엉해안경승지 南園海岸景勝地，코코몽 에코파크 Cocomong Eco Park，조랑말체험공원矮馬體驗公園，해비치해변 Haebichi海邊，제주민속촌濟州民俗村，성읍민속마을 城邑民俗村

附近美食餐廳　공천포 空天浦，요네주방 Youne廚房（甜辣豆咖哩），소낭식당 Sonang食堂（炒碼麵）타모라돈까스 TAMORA炸豬排，시즌박스SEASON BOX（季節便當）

附近咖啡廳　카페숑 Café Syong，와랑와랑Warang Warang，시스베이글Sis Bagel，카페 서연의 집Café DE SEOYEUN（建築學概論）

兩種獨特的魅力，
Osirok軒 AM & PM

在濟州島金寧，有兩棟三角形屋頂的建築，與村子很搭配又很時尚。白色屋頂的建築是Osirok軒AM，黑色屋頂的是Osirok軒PM。

私人出租公寓Osirok軒，即是來自意味著「溫馨」、「溫暖」的濟州方言，也有溫暖的「軒（家）」的意思。Osirok軒的兩棟建築的共同特徵，是擁有可以容納兩戶人家或者三代家庭的空間。旅行時可以多人一起居住在此，因此客廳和廚房設計的既寬敞又便利。兩個臥室各帶有浴室，這樣一來每個房間也都可以獨立使用。

Osirok軒AM是在2013年營業，白色的外觀和寬敞的窗戶，是一處與濟州島石牆很相配的簡潔淡雅建築。Osirok軒AM的大窗戶可以直接看到外面的草坪，因此陽光也可以充分的照射進來。內部的裝修和外部保持一致性，都是白色的牆壁，亮色系的原木加以點綴，符合了AM的主體設計。

Osirok軒PM位於金寧海邊正對著飛揚島，大海遠景很有氣氛。灰色的牆壁搭配深棕色的太平洋鐵木更顯得高級典雅，深色系的裝修多少會顯得氛圍有些沉重，但面向大海的窗戶寬敞明亮，有畫龍點睛的作用。傍晚時分的夕陽美景在房間裡就可以欣賞得到，在窗戶前還準備了可以閱讀和欣賞海景的療癒空間。Osirok軒PM有上下兩層，1樓有客廳和廚房共用的空間，2樓是臥室和浴室個人休息的空間。

給人充足明媚陽光感覺的Osirok軒AM。

與染紅的夕陽午後更相配的Osirok軒PM。

AM與PM是讓Osirok軒更加受到矚目的主題與命名。

地點　제주시 한림읍 금능 6길 8 濟州市翰林邑金寧6街8號 / 제주시 한림읍 금능 5길 19-3濟州市翰林邑5街 19-3號

入住退房時間　入住13:00 / 退房11:00

住宿費用（韓幣）　1~6月，9~12月 25萬元/ 7~8月 旺季30萬元

電話　070-8885-7484

URL　http://osirokhern.co.kr

附近觀光景點　협재해수욕장 挾才海水浴場，금능으뜸원해변 金陵海邊，한림공원 翰林公園，신창풍차해변 新昌風車海邊，비양도 飛揚島，더마파크 Deoma Park，저지리 문화예술인 마을 楮旨文化藝術人村，낙천리아홉굿마을 樂泉里九巷村，수월봉 水月峰

附近美食餐廳　면뽑는선생 만두빚는아내 做麵的先生包餃子的妻子，추자도회마당 秋子道生魚片店（醬煮刀魚）Modica（義式料理），서촌제 SeoChonJe（手作炸豬排），보영반점 寶榮飯店（什錦炒碼麵），한림칼국수 Hallim Kalguksu，사형제횟집 四兄弟生魚片（醬煮石斑魚）

附近咖啡廳　엔트러사이트 Anthracite，매기의 추억 Café Maggie，카페 닐스 Café Nilseu，카페 그 곳 Café The Got

浪漫又溫馨的露營享受，
女性專用露營車「嗯」

在國外兩個女生手牽手走在路上，會招來別人異樣的眼光，但是在韓國女生和最好的朋友勾著手臂或者手牽手，都是很自然的事情，在濟州島也很少看到只有男生兩個人來旅行，倒是經常會看到兩個女生一起旅行。有一個地方要推薦給結伴來玩的女生們，在安靜的藝術村裡可以留下浪漫回憶的地方。

露營車可能會讓人覺得它是很克難又不怎麼「乾淨」的露營方式，再加上沒有男生，只靠女生要如何露營，不會危險嗎？想到這些都會讓人直搖頭的。但如果知道了女性專用露營車「嗯」的故事，就會改變這些想法了。

在石牆後面可以眺望到漢拏山的草坪，如同從雜誌裡搬出來似的露營車，營造出浪漫溫馨的露營氛圍。此處院子實際上是主人的私宅庭院，所以外人無法進入，可以很安心的享受濟州的夜晚。在這裡可以放心的品嚐紅酒，欣賞天上的繁星。像這樣在戶外，女生們可以安心享受浪漫的氣氛其實是很難得的。

　　進到露營車內部，有可以洗澡的小浴室、廚房、冰箱、餐桌和床等，可以說是應有盡有了。露營車裡面有可以料理食物的餐桌，露營車和屋主家之間還設有一處可愛的咖啡廳兼休息空間。那裡有書桌、餐桌、小沙發、圖書、彩色鉛筆、咖啡機、音響等。露營車「嗯」的主人夫妻是從事廣告業的撰稿人和插畫師，論設計感的話應該再無第二人選了。露營車「嗯」的女主人以在廣告公司畫文案的經歷，為來投宿的客人畫肖像畫留念。早晨會提供如同雜誌Kinfolk裡一樣的早午餐，女生們可以在這裡喝上一杯咖啡，慢慢地享受早午餐時光。

　　在「嗯」停留的這段時間，能充分放鬆並為心靈充滿能量。

- -

地點　　주시 한경면 용금로 758-1 濟州市翰京面龍金路 758-1號

入住退房時間　　入住16:00 / 退房12:00

住宿費用（韓幣）　　1人8萬元 / 2人12萬元 / 3人15萬元 / 提供早餐

電話　　010-4248-0820

URL　　http://blog.naver.com/ungjeju

附近觀光景點　　저지문화예술인마을 楮旨文化藝術人村，저지오름 楮旨岳，환상숲 幻想林，협재해수욕장 挾才海水浴場，오설록 Osulloc，생각하는 정원 思索之苑

附近美食餐廳　　알동네집Aldong Nejip（蜂窩煤烤肉），피자굽는 돌하르방 烤披薩的多爾哈魯邦（1m披薩），탐라상춘 耽羅常春（刀切麵）

附近咖啡廳　　오설록Osulloc（綠茶蛋糕捲），이니스프리Innisfree（甜橘山丘冰），느영나영감귤창고 Neuyeong Nayeongo甜橘倉庫

柑橘田，
如同音樂一樣的休息場所，
所以然歌

　　位於為美中央路上的冬柏群落地村裡，沿著石牆旁邊開滿紅花的路一直走下去，會隱約看到柑橘田那邊有一處白色的房子。朴樹旁邊看過去是寫著「所以然歌」的招牌。

　　所以然歌，名字給人一種平靜的感覺。「不知其所以然」意思的「所以然」加上歌曲的「歌」字，結合在一起的名字。主人希望這裡可以給人一種好似一首好聽的歌，撫慰人心的感覺。

　　室內是亮色系的壁紙和磁磚，寬敞明亮的落地窗、簡約的設計、矮小的家具擺設，讓屋子顯得寬敞，給人一種舒適感。所有的客房都有可以看到柑橘田的露台，那裡擺有兩張椅子，可以享受濟州島式的優閒氛圍。所以然歌有提供早餐服務，是鮑魚粥或瑞可達沙拉搭配的早午餐。

地點　서귀포시 남원읍 위미중앙로 300번길 49 西歸浦市南元邑為美中央路300街49號

入住退房時間　入住16:00~22:00 / 退房11:00

住宿費用（韓幣）　2人房4間 / 平日11萬元 / 週末13萬元 /旺季 16萬元

電話　010-9372-1251

URL　www.soyiyeong-jeju.com

附近觀光景點　남원큰엉해안경승지 南園海岸景勝地，코코몽 에코파크 Cocomong Eco Park，쇠소깍 牛沼河口，표선해비치해변 表善海邊，휴애리 Hyuaeri

附近美食餐廳　공천포 空天浦，요네주방 Youne廚房（甜辣豆咖哩），소낭식당 Sonang食堂（炒碼麵）타모라돈까스 TAMORA炸豬排，시즌박스SEASON BOX（季節便當）

附近咖啡廳　카페숑 Café Syong，와랑와랑Warang Warang，시스베이글Sis Bagel，서연의 Café DE SEOY-EUN（建築學概論）

舒服安逸放空的好地方，
MIA 私人民宿

在濟州島朝天邑有一處叫做新村的地方。它和首爾的新村可是完全不同的，這裡說的新村是一處可以感受到濟州鄉村樸實氣息的地方。在濟州島的新村村子裡沿著彎曲的石子路，會經過偶來小徑18號路線。沿著那條路一直走，可以看到裝有古時家具門環的木頭大門住家，石牆上的箭頭金屬招牌上寫著「MIA」。

MIA私人民宿是一對年輕的夫妻經營，將已有百年歷史的農舍房屋，拆除並親手改建而成。將全部都是各種雜草和垃圾堆滿的石屋，親手清理拆除再改建真的不是一件容易的事情，儘管如此，手藝精巧的夫妻倆將這裡營造成獨特悠閒的空間。

MIA的裝修和建築外觀都選用了木材。從巷子口進入住房，首先會看到的是工具區，可以看到各種工具林立在此。一到夜晚，100英寸的投影布幕，每天都會播放電影。旅行回來後，晚上可以一邊喝啤酒一邊觀看電影。MIA的另一個優點是可以免費使用BBQ烤肉設備。

MIA分為家庭房和情侶房。家庭房的前面設有小沙坑和鞦韆，為孩子們準備的遊樂設施。情侶房的入口要往後面一些，是設計為更加浪漫的私人空間，情侶房還為情侶們準備了開放式的浴室和露天浴缸。

MIA像是指南針一樣，讓旅客從進入到這裡，便會感受到舒服安逸的自在氣氛。迷了一次路又怎樣？在MIA放空休息後，再上路吧!

· ·

地點 제주시 신촌북3길 14-15 濟州市新村北3街 14-15號

入住退房時間 入住16:00 / 退房11:00

住宿費用（韓幣） 家庭棟 平日18萬元，週末20萬元，旺季23萬元，超級旺季25萬元 / 情侶棟 平日13萬元，週末13萬元，旺季15萬元，超級旺季15萬元

電話 010-8984-9863

URL http://jejumia.com

附近觀光景點 함덕서우봉해변 咸德犀牛峰海邊，서우봉둘레길 犀牛峰步道，돌하르방공원 多爾哈魯邦公園，다연희 茶喜然，거문오름 拒文岳，에코랜드 生態樂園，산굼부리 山君不離，절물자연휴양림 寺泉自然休養林，사려니숲 思連伊林蔭路，돌문화공원 石頭文化公園，붉은오름자연휴양림 赤岳自然休養林

附近美食餐廳 잠녀해녀촌 潛女海女村（水拌生魚片、鮑魚粥），버드나무집 柳樹家（海鮮刀切麵），숨어있는집 隱藏之家（炸雞），모닥식탁 Modak餐桌（咖哩），신촌덕인당 新村德仁堂（濟州大麥麵包），도구리슬로푸드 Doguri Seulro Food（麵醬，大醬），장원삼계탕 長園蔘雞湯，스페니쉬쓰리몽키즈 SPANISH3MONKEYS，방주식당 方舟食堂（馬蹄葉餃子，豆漿冷麵），낭들에쉼팡 林中休息站（生菜包飯，醬味拉麵），교래손칼국수 橋來刀切麵，성미가든 城美花園（雞肉火鍋），길섶나그네 路邊過客（蔬菜包飯定食），뜰향기 庭院香氣（蔬菜包飯定食）

附近咖啡廳 프롬제이 From J，귤꽃橘花，라포레사려니 La Foret SaRyeoni，카페1024 CAFE1024，구름언덕 雲丘，다희연 동굴카페 茶喜然洞窟咖啡廳

夢境般的幸福美景，
Zen Hideaway@Jeju

我站著的地方，映入眼簾的風景是漢拏山、沙溪前海、山房山和龍頭海岸，還有比這裡更好的地點了嗎？這簡直就是在夢境啊！

只是停留片刻看看景色，內心便已經無比激動，如果能在這樣的地方享用一杯下午茶，或一邊欣賞景色一邊吃義大利麵。再貪心些，如果可以坐在房間的沙發上，像是看電影一樣欣賞窗外的景色，晚上可以一邊看星星一邊品嚐紅酒，那該有多好呢？

如果是 Zen Hideaway Jeju的話，這一切就都有可能了。所有的客房都可以欣賞到沙溪的景緻，特別的是，龍頭海岸更像是在自家院子裡觀賞一樣。每個房間設有冰箱和音響，禪味風格的小擺設，玄武岩浴缸和各式各樣的入浴劑、水療機等設備，房間單憑景色就已經無人可敵了。

Zen Hideaway首爾本店位於狎鷗亭洞，是一家很有名的餐廳。Zen Hideaway在濟州島也設有餐廳，為房客提供人均價值韓元2萬元的餐飲服務，在餐廳可以品嚐到用濟州當地的食材做出的義大利麵、沙拉、牛排、披薩、甜品、飲料、紅酒和啤酒等。如同首爾Zen Hideaway的名聲一樣，料理美味早已得到了認可。面對著沙溪海景享用美味料理，更是讓人感到浪漫又幸福。

地點　서귀포시 안덕면 사계남로 186-8 西歸浦市安德面沙溪南路 186-8號
入住退房時間　入住15:00 / 退房11:00
住宿費用（韓幣）　2人房10間/平日25萬元 / 週末29萬元 /旺季諮詢
營業時間　11:00~21:00，全年無休

菜單及價格　美式咖啡5000w，咖啡拿鐵6000w，熱巧克力6000w，時節果汁9000w，柑橘冰沙9000w，蘇蘇和轟轟（蒿草麵包和冰淇凌）15,000w，羅勒青講披薩19,000w，香草番茄披薩19,000w，舊左紅蘿蔔濃湯9000w，濟州蝦西班牙燉菜19,000w，大蝦沙拉19,000w

電話　064-794-0133　**URL**　www.zenhideawayjeju.co.kr/index.php

附近觀光景點　송악산 松岳山，용머리해안 龍頭海岸，마라도 馬羅島，마라도 잠수함 馬羅島潛水艇，서귀포 김정희 유배지 西歸浦金正喜流放地，산방산 山房山，용머리해안 龍頭海岸，오설록 Osulloc，이니스프리 제주하우스 Innisfree Jeju House，환상숲 幻想林，가파도 加波島，제주항공우주박물관 濟州航空宇宙博物館

附近美食餐廳　산방식당 山房食堂（小麥麵），하르방밀면 哈魯邦（海螺刀切麵），부두식당 布頭食堂（醬煮刀魚，生魚片），덕승식당 德勝食堂（醬煮刀魚），옥돔식당 Okdom食堂（海螺刀切麵），홍성방 弘城房（炒碼麵），비스트로이안스 Bistro Ian's（義大利料理），젠 하이드어웨이 제주 Zen Hideaway Jeju（義大利麵），남경미락 南京美樂（生魚片）

附近咖啡廳　스테이워드커피 Stay with coffee，Salon de 소자38　Salon de soja38，웬드구니 wendkuni，나비정원 蝴蝶庭院，물고기카페 Mulgogi café，레이지박스 Lazy Box

在童話般的百年朴樹下，
DAM Guest House

　　濟州市翰林邑明月里是數百年朴樹群落生長的美麗村落。那歷經幾百年的朴樹群威風陣勢令人震撼，從進入村口時便會驚訝的合不攏嘴了。

　　在濟州朴樹被稱作「PungNang」。DAM Guest House前面的院子裡，有一棵國寶級，生長了830年的大朴樹。這是在其它地方不容易看到的珍貴風景，在那棵朴樹下坐上一天也很享受。

　　民宿的入口處，隨意漂亮的書法字「DAM」的招牌掛在石牆上。那個字是楊恩心老闆親手寫的，不是書法家而是一般人的字體，還真是叫人難以置信。流暢有力的字體代表著很多意義，朴樹Tree的「T」和石頭、人、屋頂和家，還有濟州的風都包含在了裡面。因此「DAM Guest House」的副標題是「石頭、樹、風、還有……」。

　　圍著院子的是將近100年的石屋，石頭的外形方方正正，看起來比任何一處的石屋都要堅固。DAM Guest House因為是石屋，所以在夏天很涼爽，冬天很溫暖，而且DAM Guest House的早餐非常棒，輪流提供可以填飽旅客的早餐，選用黑豬大骨熬煮的骨頭湯以及拌飯。位於入口處左側的石屋是餐廳，不是房客的旅客也可以用餐的餐廳兼咖啡廳。

地點　제주시 명월로 83-1 濟州市明月路 83-1號

入住退房時間　入住14:00 / 退房10:00

住宿費用（韓幣）　2人房，4人房，10人房同一價格 / 非旺季 2萬5千元 / 旺季 3萬元 / 非常旺季 3萬5千元

電話　064-796-0890

URL　www.damhouse.co.kr

附近觀光景點　협재해수욕장 挾才海水浴場，금능으뜸원해변 金陵海邊，한림공원 翰林公園，더마파크 Deoma Park，저지리 문화예술인 마을 楮旨文化藝術人村，낙천리아홉굿마을 樂泉里九巷村，수월봉 水月峰

附近美食餐廳　면뽑는선생 만두빚는아내 做麵的先生包餃子的妻子，모디카 Modica（義式料理），오크라 OKRA（手作炸豬排），서촌제 SeoChonJe（手作炸豬排），보영반점 寶榮飯店（什錦炒碼麵），한림칼국수 Hallim Kalguksu，사형제횟집 四兄弟生魚片（醬煮石斑魚），협재수우동 挾才水烏冬，더꽃돈 Deok-kotdon（烤豬肉），추자도회마당 秋子道生魚片店（醬煮刀魚）

附近咖啡廳　엔트러사이트 Anthracite，매기의 추억 Café Maggie，카페 닐스 Café Nilseu，카페 그 곳 Café The Got，릴리스토리 leelee story（紅蘿蔔蛋糕）

一定要住看看的民宿，
MA MAISON

　　沿著濟州島坪岱海岸道路兜風時，會看到一間融入大自然中但又看起來很特別的矮小石屋。望過去的瞬間會有種「想住在那裡看看」的想法，那就是MA MAISON。

　　MA MAISON是將位於坪岱里海邊的農舍重新修建而成的出租房屋。一間面向大海叫做「MA MAISON BLUE」，另一間面向內院的草坪，因此叫做「MA MAISON GREEEN」。

　　MA MAISON GREEEN是最早的主人為了方便居住而蓋的房屋，因此內部格局在生活上設計的十分便利。屋內作支架的枯木，拆除了一部分，剩餘的一部分保持原樣和石屋保留，可以感受到歲月的痕跡。最初以出租民宿為目的設計的BLUE棟，為了能盡情享受大海美景，客廳設計了大窗戶，房間和客廳安裝的折疊門，增添了開放感和舒適感。

　　MA MAISON的女主人洪代表，常年以現代建設公司的Hill's Styler，以及其它建設公司的主婦Prosumer身份參與活動，對於室內裝潢的靈感不輸給專業人士。她多年來累積的經驗透過MA MAISON發揮出來。內部結構設計，反映了洪代表的想法。建材、室內裝飾、家具等也都是她親自挑選，整體的裝修和小配件都散發著北歐的風格，這裡已經在要求住宿品味的旅客之間小有名氣了。

　　舒服地坐在充滿濟州情趣的MA MAI-SON裡，盡情地享受翠綠色的大海，真的非常幸福，心靈也得到了淨化。無需再到其他的地方了，坐在院子裡面向大海喝杯茶，便已經充分地得到了療癒。

‧‧‧‧‧‧‧‧‧‧‧‧‧‧‧‧‧‧‧‧‧‧‧‧‧‧‧‧‧‧‧‧‧‧‧‧‧‧‧

地點　제주시 구좌읍 한평길 49-2 濟州市舊左邑漢坪路 49-2號

入住退房時間　入住16：00 / 退房10：30

住宿費用（韓幣）　平日20萬元 / 週末 23萬元 / 旺季25萬元 / 非常旺季30萬元

電話　010-2820-0407

URL　http://mamaison.kr/

附近觀光景點　세화해변細花海邊，해녀박물관 海女博物館，바지림 榧子林，월정리 月汀里，메이즈랜드迷路公園，용눈이오름 龍眼岳，월정리해변 月汀里海邊，성산 城山，섭지코지 涉地可支，김녕성세기해변金寧海邊，김녕미로공원 金寧迷路公園

附近美食餐廳　다래향 多來香，명진전복 明進鮑魚（鮑魚石鍋飯），재연식당 才然食堂（定食），평대스낵 PyeongDae Snack（辣炒年糕，炸物），알이즈웰 aal is well（義大利麵），DAM（麵醬），부농 富農（在地料理），라마네의식주 Ramane（米線，越式法國麵包）

附近咖啡廳　구좌상회 舊左商會，풍림다방 風林茶坊，Jeju in aA，바보카페 Babo Café，바다는 안보여요 看不見海，카페동네 Café DongNe，월정리로와Wol JeongRi RoWa，조끌락카페 jjokkeullak café，산호상점 珊瑚商店，카페마니 Café Mani

融入濟州傳統文化的精品酒店，
SEAES HOTEL

　　巴厘島或是泰國等東南亞具有人氣的度假地區，有很多當地傳統文化設計的酒店，從各地來的旅客比起現代式的酒店，更會被傳統酒店所吸引。濟州島當然也有其他地方看不到的，具有魅力的傳統文化，不僅是外國人就連當地人都會覺得像是異國他鄉。位於中文觀光路的濟州SEAES HOTEL，正是發揮了濟州特殊魅力的傳統精品酒店。

　　SEAES HOTEL的客房是麥黃色茅廬屋頂的濟州傳統漁民房屋設計。它保留了濟州島特有的建築特色，房屋內部是現代式便利的設施。

　　SEAES HOTEL除傳統房屋設計的客房以外，還有新穎的酒店建築，也都是單層的客房設計。採用了濟州石和原木等建材，使得建築融合在大自然當中又不會太過突顯。此外，全部客房只有30間，不會覺得喧嘩吵鬧，可以在此度過閒暇的療癒時光。

　　酒店四周環繞著石牆，與濟州漁村、草坪廣場、荷花池和椰子樹等相輔相襯，還可以感受到南國風情。偶來小徑8號路線經過SEAES HO-TEL，不是酒店的房客除私人空間以外，可以在酒店裡散步。酒店地點位於可以看到中文前海的山丘上，所以景緻更是迷人。推薦在異國的氛圍裡，面向大海享用SEAES GARDEN的炭烤黑豬肉。

地點　서귀포시 중문관광로 198 西歸浦市 中文觀光路 198號

入住退房時間　入住14:00 / 退房11:00

住宿費用（韓幣）　40萬元～100萬元

電話　064-735-3000

URL　http://www.seaes.co.kr

附近觀光景點　중문색달해변 中文色月海邊，대포주상절리 大浦中文柱狀節理，천제연폭포 天帝淵瀑布，테디베어뮤지엄 Teddy Bear Museum，여미지식물원 如美枝植物園，믿거나 말거나 뮤지엄 Ripley's Believe It or Not! Jeju，군산오름 群山岳，박물관은 살아있다 A Live Museum

附近美食餐廳　덤장 Deomjang（鄉土料理），꽃돼지연탄구이 花豬炭火烤肉（豬肉），신라원 新羅園（馬肉），돌하르방밀면 多爾哈魯邦小麥麵，조림식당 Jorim食堂（醬煮料理），목포고을 MOPO Goeul（烤肉），마스로 Maseuro（烤豬肉），한스시 HAN SUSHI（生魚片）

附近咖啡廳　스타벅스 STARBUCKS，엔제리너스 Angel-in-us.，투썸플레이스 Twosome Place，카페말 Café Mal

濟州島內的跳島旅行

—

Inspiration from Jeju

心動濟州 05

濟州島周邊有牛島、加波島、馬羅島、飛揚島等，跟濟州島一樣受到人們喜愛的魅力小島。如果以為濟州島附近的小島沒什麼特色的話，那就錯了。島中島的特色是，外人進入的機會少，因此那些小島要比濟州島更整潔乾淨，而且每個小島各具特色。大部分的島乘船只要15分鐘便可抵達，四個小島中馬羅島最遠，需要30分鐘才能到達，都是可以輕鬆前往的小島。

最具有人氣的小島，
牛島

⬠

濟州島周邊的小島中，最具人氣的當然是牛島了。每年大約有150萬名的觀光客到牛島來。世界上很少見的紅藻團塊海濱（看起來像珊瑚一樣的海藻堆積物）和美麗草原的牛島峰，有白沙的下高水洞海邊，黑沙的黑沙海岸，東岸鯨窟等都是一定要去的地方。牛島的巴士在這四個地方都設有巴士站。牛島巴士旅行的趣味是司機幽默的廣播介紹，如果是帶小朋友或老年人最好開車，但也推薦乘坐巴士。牛島上有名的是花生，所以一定要品嚐一下花生冰淇淋。黑沙海岸的遊船觀光也是人氣體驗項目之一。

∙∙

船班時間 牛島發船 首班時間06:30，城山發船 首班時間08:00 / 牛島發船 末班時間17:00，城山發船 末班時間17:00

票價 成人往返5500w / 國小學生2200w / 輕型車21,600w /中小型車 26,000w

電話 064-782-5671

URL http://www.udoship.com

欣賞大麥浪翻滾，
加波島

第一次到加波島時的感動是無法用言語表達的。一邊感嘆我們國家也會有這樣的地方（濟州島有很多地方都會讓人有這種感受），一邊幸福的走在偶來小徑上。看不到地平線的廣闊大地上翻滾著大麥浪，在麥田間形成的小路如畫一般，三個小時就可以走遍小島每個地方。4月中旬到5月的青麥節是遊客最多的時候，在島上散步如果遇到退潮，可以到沙灘抓海螺，也是件很有趣的體驗。在摹瑟浦港搭船，每天行駛6～7次。

船班時間 摹瑟浦港 首班時間09:00，加波島 首班時間09:20 / 摹瑟浦港 末班時間17:00，加波島 末班時間17:00 / 每天運營3次，假日期間增加行駛次數 / 運行15分鐘

票價 成人、青少年往返 12,400w / 兒童 6300w / 輕型車21,600w /中小型車26,000w

電話 064-794-5490 / 064-794-3500

URL http://wonderfulis.co.kr

南端風之島，
馬羅島

⬠

馬羅島是位於韓國最南端的一座小島，只要花三、四十分便可以環島一圈，走沒多久可以看到加波國小馬羅分校的運動場。推薦品嚐島上散發著大海香氣的炸醬麵。整個島上沒有樹林，所以在島上走上一圈會有種在風中奔馳的感覺。因此準備一件防風的衣服會比較好。有兩種可以到馬羅島的方法，從松岳山乘坐開往馬羅島的「客輪」，或者在摹瑟浦港搭乘開往馬羅島的「郵輪」。

船班時間 開往馬羅島的客輪 松岳山首班09:40，馬羅島首班10:20/ 松岳山末班船15:20，馬羅島末班船16:20 / 運行30分鐘 /每天往返7次　郵輪 摹瑟浦港首班09:50，馬羅島首班10:25 /摹瑟浦港末班船15:10，馬羅島首班15:45 /每天往返4次

票價　成人 17,000w / 兒童 8500w

電話　064-794-6661

URL　www.maradotour.com / www.wondefulis.co.kr

海的對岸
是漢拏山，
飛揚島

⬠

　　濟州島的盡頭東邊有一個牛島，西邊有一個飛揚島，西邊盡頭的飛揚島形狀像是《小王子》裡吞噬大象的蟒蛇一樣。到了飛揚島，先登上飛揚峰欣賞濟州島的漢拏山，下來後再沿著海岸走一圈。飛揚島在秋天的時候，滿是蘆葦的飛揚峰和Peolrang池塘的景色可以說是最棒的了。Peolrang池塘是海水浸濕的鹽濕地，池塘水位會因為潮水漲退的變化而不同，冬天會有很多候鳥飛來這裡。翰林港發船每天行駛3次，耗時15分鐘。吃過飯在島上漫步，三個小時的參觀時間就足夠了。

....

船班時間　翰林港首班時間09:00，飛揚島首班時間09:16 / 翰林港末班船15:00，飛揚島末班船15:16

票價　成人往返 6000w / 兒童 3600w

電話　064-796-7522

美食餐廳　호돌이식당 HODORI食堂（海螺粥，水拌小魷魚）

06

—

The shopping in Jeju

獨特的濟州必買小物

大部分的旅客，都會買有濟州標誌的紀念品，像「多爾哈魯邦」守護神的鑰匙圈。但是竟然來到這了，我想購物也要有特色才行。如果想買到特別的旅行紀念品，就跟著我來吧！遍布全國的設計師們別出心裁地，表達出濟州特色的商品不斷上市。旅行的途中，到獨特有趣的紀念品小店走走，為旅程增添樂趣。

充滿濟州寶物的特色倉庫，
The Islander（더 아일랜더）

　　濟州機場附近的新都市中心，有個地方叫做「七星路」，是一條約400公尺熱鬧的商店街，並有「TAX FREE」（免稅）的服務。對街就是濟州的東門傳統市場，充滿人氣美食小吃和人情味，可以貼近當地人的生活。在那裡有一間店，聚集了充滿著濟州島旅行回憶的商品，像是「濟州旅行紀念品百貨公司」一樣的地方，此處正是「The Islander」（더 아일랜더）。

　　如果到歐洲或者近一點的日本等，一些有名的觀光城市旅行，就會看到他們會透過紀念品的設計，積極的傳播自己的文化與傳統。相反地，濟州島觀光吉祥物「多爾哈魯邦」的歷史較短。多爾哈魯邦這個名字的由來，是在1971年被指定為地方文化遺產以後，所以它的歷史並不長。但近來隨著越來越多的人到濟州島生活，這裡變成了熱門地點，因此也引來了很多熱愛濟州的設計師和創作者。他們設計的商品、觀光紀念品、藝術作品等也相繼湧現。

　　The Islander是一處擁有濟州、濟州島民故事的商品，以及旅行者故事的地方。毫不誇張地講，這裡擁有著所有熱愛濟州島創作者們的明信片、照片、飾品、紀念品、文具、畫和小物品等，以濟州島為主題的各式商品。這裡只篩選出設計優秀的商品陳列，所以不用再到別處去尋找了。即使是買一隻筆也會注重設計的人，會把The Islander當作是濟州的寶物倉庫。

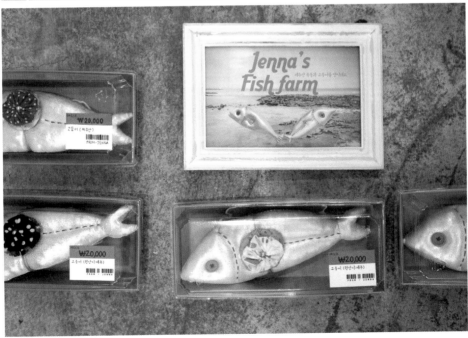

바다의 날 기념

2015. 5. 31. sun. pm2 - pm7. 금능해변

비치코밍 워크샵 + 프리마켓 + 바라던 바다갈뭄두 + 즉흥화 + 서신 공연　홈페이지 www.facebook.com/jaejudojoa　문의 jelusummersea@gmail.com
주최 제주도좋아 　후원 현대자동차 그룹 '업글업먼'　현대자동차 정몽구 재단 폰노트　KOCA 재단법인한국공예디자인진흥원　e스튜디오 한국지역개발진흥회　고홈 제주특별자치도　제주관광공사

재주도좋아

재주도좋아

제주 바다를 찾는 모든사람들이
제주 바다를 소비의 대상이 아닌
아끼고 지켜야이하할 대상으로 인지하고
행동할 수 있도록
돕고싶어니.
재주도 좋아는 비치코밍을 통해
바다를 사랑하는 사람들과 만나고,
끝임없이 밀려오는 쌓여가는
대책없는 바다쓰레기 문제를
예술로 함께 해결해 보려 합니다.

www.jaejudojoa.com
www.facebook.com/jaejudojoa

* 비치코밍 (beachcombing)이란 바닷가를 뜻하는 beach와 빗질을 뜻하는 combing의 합성어로 해변에 흘러들어 온 부유물을 줍는 행위를 말하며, 이러한 행위를 하는 이들을 가리켜 비치코머라 한다.

beachcombing

beachcombing

더마음먼저

The Islander與作者和設計師們密切的溝通，互相信任合作，創造了這個具有獨特個性的空間。可以在這裡購買到設計師們最好的商品，The Islander為這些藝術家們提供了舞台和機會，也為旅行者們提供了觀看濟州設計展覽的空間。如果想要為朋友挑選一份與眾不同，獨一無二的禮物的話，那就請進入The Islander的大門吧。

．．．．．．．．．．．．．．．．．．．．．．．．．．．．．

地點 제주시 칠성로길 41 濟州市七星路41號
營業時間 11:00~20:00，每週星期三休息
電話 070-8811-9562
URL http://www.the-islander.co.kr
附近觀光景點 동문시장東門市場，아라리오뮤지엄 ARARIO MUSEUM，이호테우해변 梨湖海邊，한라수목원漢拏樹木園，넥슨컴퓨터박물관Nexon Computer Museum
附近美食餐廳 자매국수姊妹麵條（肉醬麵），은희네해장국恩熙家解酒湯，우진해장국友珍解酒湯（蕨菜牛肉湯），동문시장東門市場（光明食堂，珍亞年糕店），신설오름SINSULORUM（馬尾藻湯），화성식당火城食堂（排骨湯），돌하르방식당多爾哈魯邦食堂（深海魚湯），돈사촌豚四村（豬肉）
附近咖啡廳 A Factory Café，문화카페왓집文化Space What，먹쿠슬낭여행자카페Premium shop & gallery café（紀念品，蘋果芒果冰），제니의 정원Jenny's Garden，알라스카인제주Alaska in Jeju

*

終達里村子竟然會有這樣的地方！
小心的書店（소심한 책방）

　　濟州島終達里安子樂有一間溫馨的小書店。真是懷疑這麼一個小村子裡，哪裡會有人來買書呢？但這間書店已經成為了濟州私房的人氣景點了，有點過於鮮豔的深粉紅色的招牌上寫著「小心的書店」。

　　小心的書店，部落格上的介紹語十分有趣。

　　「離家約300m走路到書店上班的濟州女生和，離家約450km坐飛機到書店上班的首爾女生，一起經營小小的，小心的書店」。

　　乍看數字還以為是鄰居的兩個人，可是後面卻是m和km的差別。她們在網路上成為朋友，在現實生活中成為了知己，她們擁有相同的夢想，於是兩個人決心創辦經營起了這家小心的書店。

　　和書店名字一樣，書店非常小。和大型書店要擺設多類別的書相比，這裡實在是太迷你了。

　　但因為這樣反倒成了小心書店的一個最大的特點。大型書店無法銷售的書，可以擺在這家小書店最好的位置上，平日裡看不到的書也會像是發現了寶物一樣。其實，也無所謂最好的位置，因為只要稍稍移動下腳步便什麼書便都能看到了。準備的書籍種類不是暢銷書或長期暢銷書，而是可以完全反映出兩位書店店長興趣愛好的書。因為不是大量採購，所以就算沒有全部賣掉也不用過於擔憂。

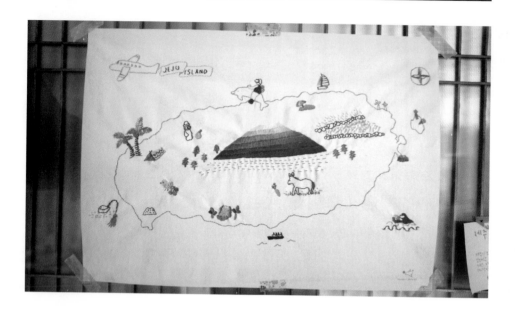

　　看到小心的書店裡擺設的書，可以感受到兩位店長熱愛濟州，熱愛文化藝術，和充滿正義感的個性。在小心的書房有一個樸實的小沙發，可以坐在那裡休息片刻翻翻書。書店不單單只賣書，還有濟州島作家們設計的旅行紀念品、文具、小飾品和小心的書店自己製作的鉛筆、筆記本和書包等，各式各樣可以留念的小東西。

地點　제주시 구좌읍 종달리길 29-6 濟州市舊左邑終達里街 29-6號
營業時間　星期一～星期四 10:00~18:00 / 星期五～星期日 13:00~19:00
電話　010-6374-1826
URL　http://sosimbook.com
附近觀光景點　세화해변 細花海邊，제주해녀박물관 濟州海女博物館，메이즈랜드 迷路公園，바지림 榧子林，용눈이오름 龍眼岳，다랑쉬오름 大朗秀岳，월정리해변 月汀里海邊，김녕성세기해변 金寧海邊，김녕미로공원 金寧迷路公園
附近美食餐廳　다래향 多來香，명진전복 明進鮑魚（鮑魚石鍋飯），재연식당 才然食堂（定食），평대스낵 PyeongDae Snack（辣炒年糕，炸物），알이즈웰 aal is well（義大利麵），담DAM（麴醬），부농 富農（在地料理），라마네의식주 Ramane（米線，越式法國麵包）
附近咖啡廳　구좌상회 舊左商會，풍림다방 風林茶坊，Jeju in aA，바보카페 Babo Café，바다는 안보여요 看不見海，카페동네 Café DongNe，월정리로와 Wol JeongRi RoWa，조끌락카페 jjokkeullak café，산호상점 珊瑚商店，카페마니 Café Mani＝

*

濟州島的海女文化，
Sumbi Island（숨비아일랜드）

　　雖然代表濟州島的文化有很多，但其中濟州女人的象徵——「海女」在歷史上佔據了極大的比重。因為這是要保護並延續下去的文化遺產，所以現在有關單位為了將海女登入聯合國教科文組織非物質文化遺產而努力。地方團體以及企業等也陸續開發象徵海女的商品，各個領域的創作者們以木工、陶瓷、工藝、布料、插畫、攝影等，各自用充滿個性的表達方式，表現和傳達著濟州島的海女。

　　在西歸浦李仲燮街上的Sumbi Island也是其中之一，店裡開發了卡通吉祥物和提供多樣化的體驗項目。「숨비Sumbi」是「潛水」的意思，海女們憋足一口氣浮出海面時吐出來的聲音叫做「Sumbi聲」，而且「Sumbi」也是Sumbi Island表現出海女可愛詼諧的卡通印象。

　　Sumbi Island有很多玩偶、書包、飾品、鑰匙圈、明信片和胸針等，可以當作禮物也很適合收藏。起初這家店是從參與李仲燮街上的設計師文化藝術市場，製作和銷售玩偶及飾品開始的，現在已經擁有了兩家店舖，一處是出售商品的空間，一處是客人可以親自參與製作的空間。Sumbi Island的老闆千惠京，是一位曾經在京畿道和濟州教書的國小老師，她把在職期間累積的經驗，用來開發和經營既簡單又有趣的體驗活動。平時也會有許多活動，非常歡迎遊客隨時到店裡去體驗。

．．．

地點　서귀포시 이중섭로 29-1 西歸浦市李仲燮路 29-1號

營業時間　09:00~21:00

體驗所需時間及費用　製作火山石和珊瑚原石手環 15分 10,000w / 製作亞克力珠手環 15分 5000w / 製作Sumbi鑰匙圈和胸針，鉛筆筒 9種 15分 / 製作Sumbi人偶（塞滿棉花）10cm-10,000w, 20cm-15,000w, 30cm-25,000w / 製作Sumbi錢包（皮料、毛氈、紙張等材料）30分，7000w / 裝扮Sumbi筆記本（蓋印章塗色）15分 5000w

電話 064-767-2408

附近觀光景點 이중섭 문화거리李仲燮文化街，정방폭포正房瀑布，천지연폭포 天地淵瀑布，서귀포유람선 西歸浦遊船，서귀포 잠수함 西歸浦潛水艇，쇠소깍 牛沼河口，외돌개 獨立岩，황우지해안 黃牛地海岸，엉 또폭포 Eongtto瀑布

附近美食餐廳 서귀포맛집 팔팔 西歸浦美食餐廳88 (精肉食堂，海鮮湯)，쌍둥이횟집 雙胞胎生魚片店，어 진이네횟집 魚珍之家生魚片店 (水拌生魚片)，천짓골식당 CheonJitgol食堂 (濟州島黑豬肉)，진주식당 珍 珠食堂 (道地傳統料理)，관촌밀면 關村小麥麵 (餃子，小麥麵)，새로나분식 Saerona Snack (套餐)，우정 회센타 友情生魚片中心 (秋刀魚紫菜捲飯)，네거리식당 Negeori食堂 (刀魚湯)，삼보식당 三寶食堂 (道地 傳統料理)，자매국수 姊妹麵條

附近咖啡廳 메이비 MAYBE，바농 Banong，카페드스웨이CAFÉ DU SWAY，테라로사TERAROSA

飽含濟州神話色彩的
Qoomza Salon（쿰자살롱）

　　「童子石」是濟州島的石頭文化之一。童子石是在濟州的墓地旁，紀念亡者的石像。它代表著已故人的一生，或表達了已故人希望的人生。雖然是用粗糙的玄武岩製作而成，但細看還可以看出個人的歷史、社會生活以及后孫的樣子。有一個把童子石單純化的卡通人偶，它就是「Qoomza」。

　　位於濟州島三道2洞文化藝術街上的「Qoomza Salon」，是一處咖啡廳兼體驗製作「Qoomza Toy」的空間。「Qoomza」是濟州方言「富含」的意思，「Qoomza Toy」如如同它的意義，還有童子石的意義，它富含了多元化的樣貌。

　　陶瓷Qoomza Toy是沒有任何顏色的白色樣子，可以根據個人喜好在上面畫上圖案，店裡還銷售套裝的陶瓷Qoomza Toy。圓桶型的簡單盒子裡裝有說明書、白色陶瓷玩具還有油性筆。紙偶Qoomza Toy，選擇自己喜歡的Qoomza簡單的組裝即可，還可以在玄武石的基本模型上，套上漢拏峰橘、苤藍、火龍果、海女等的裝飾衣服。

　　Qoomza Salon的老闆潤城才，其實在燈藝領域非常有名，從首爾搬到濟州以後，他成為了定居島上的文化藝術人中，第一個以濟州神話為主體創作的人，透過作品更容易的向大眾推廣濟州神話。雖然慶典活動中，大型的傳統燈飾不會經常看到，但到Qoomza Salon可以欣賞到既簡單又新穎的傳統燈飾，也可以購買。

地點　제주 제주시 관덕로6길 6 濟州濟州市觀德路6街6號

營業時間及休息日　11點～7點，星期二休息

體驗價格　紙偶體驗3000w / 套裝（總共6張）18,000w / 陶瓷體驗 13,000w / 套裝購買18,000w

電話　064-721-0884

URL　http://blog.naver.com/qoomza

附近觀光景點　동문시장東門市場，아라리오뮤지엄 ARARIO MUSEUM，이호테우해변 梨湖海邊，한라수목원漢拏拏樹木園，넥슨컴퓨터박물관Nexon Computer Museum

附近美食餐廳　도두해녀의 집 Dodu海女之家（水拌生魚片，海膽拌飯），순옥이네명가舜玉名家（水拌生鮑魚），개원 開園（中華料理），자매국수姊妹麵條（肉醬麵），은희네해장국恩熙家解酒湯，우진해장국友珍解酒湯（蕨菜牛肉湯），동문시장東門市場（光明食堂，珍亞年糕店），신설오름SINSULORUM（馬尾藻湯），화성식당火城食堂（排骨湯），돌하르방식당多爾哈魯邦食堂（深海魚湯），돈사촌豚四村（豬肉）

附近咖啡廳　A Factory Café，문화카페왓집文化Space What，먹쿠슬낭여행자카페Premium shop & gallery café（紀念品，蘋果芒果冰），제니의 정원Jenny's Garden，알라스카인제주Alaska in Jeju

不由自主停下腳步的特色商店，

珊瑚商店&咖啡廳&民宿

　　沿著金寧青麥田旁邊的偶來19號路線走下去，會看到在巷子最深處有家非常可愛的商店和咖啡廳，在那對面是一間小巧精緻的房子，這裡是多用途的空間。

　　在濟州島由夫妻二人經營的旅館或咖啡廳可以說是數不勝數了。珊瑚商店的主人也是一對夫妻，他們在金寧的偶來路上一起散步時，被濟州深深吸引便決定來此定居。他們透過網路經營一家叫做「SCANDIUM」的設計商品網路商店，主要挑選和銷售北歐風格及日本風格的器皿和雜貨等，在珊瑚商店也可以購買到這些商品。來這裡消費的客人大部分都是路過此地的遊客，雖然店裡銷售的商品並不是生活需要的物品，但就是會讓人想要擁有，每個小東西看起來既特別又有質感。在珊瑚商店還有一些可以用來紀念濟州島旅行的紀念品，如：濟州海女環保袋、海女雕刻和濟州島明信片等。

　　店裡設有小空間用作咖啡廳，在偶來路上走累了，也可以到這裡來坐坐，一邊欣賞小商品一邊喝杯咖啡。對面的建築是商店主人設計的民宿。4人家庭入住的話，空間和價格都非常適合，喜歡在村子裡安靜休息的人，來這裡再適合不過了。

地點 제주시 구좌읍 김녕로 2길 20 濟州市舊左邑金寧路 2街 20號
營業時間及休息日 商店咖啡廳 11:00～19:00，星期三休息
入住和退房時間 16:00入住 /10:30退房
住宿費用（韓幣） 非旺季（1～6月，9～12月）15萬元 / 旺季（7～8月）20萬元
電話 064-782-7320
URL http://blog.naver.com/sanhojeju

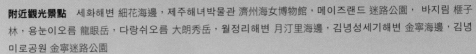

附近觀光景點 세화해변 細花海邊，제주해녀박물관 濟州海女博物館，메이즈랜드 迷路公園， 바지림 榧子林，용눈이오름 龍眼岳，다랑쉬오름 大朗秀岳，월정리해변 月汀里海邊，김녕성세기해변 金寧海邊，김녕미로공원 金寧迷路公園

附近美食餐廳 다래향 多來香（炒碼麵），명진전복 明進鮑魚（鮑魚石鍋飯），재연식당 才然食堂（定食），평대스낵 PyeongDae Snack（辣炒年糕，炸物），알이즈웰 aal is well（義大利麵），담DAM（麴醬），부농 富農（在地料理），라마네의식주 Ramane（米線）

當Emeda遇見了Sally，
Café Sally & Emeda House

　　一年前在跳蚤市場上吸引我注意的首飾「大海寶石」，剛好後面就是翠綠色的大海，所以我想可能不會再有比「大海寶石」更合適這個名字了。

　　這些首飾如果仔細的看，就會知道其實就是後面海灘上撿到的貝殼，儘管如此，還是有想要花錢買下來的想法。看到海灘上漂亮的貝殼，就會貪心的放進自己的口袋裡，但過不了多久就會把它丟掉了。站在貝殼的角度來想，如果能遇到一個懂得它魅力所在的主人，重新變身成世界上獨一無二的首飾，那應該是件幸運的事情。南元的「Café Sally」是一間充滿大海寶石的獨立小店。

　　「Café Sally」和「Emeda House」是叫做「Sally」和「Emeda」的兩個人，在濟州島旅行時結緣成為夫妻，經營起的咖啡廳和民宿。「Sally」是妻子的英文名，「Emeda」是因為丈夫身高2m，所以取了這個有趣的名字。（註：韓語2米的發音是Emeda）他們把籌備結婚的資金，用在海邊這一處美麗如畫的空間上。

　　Café Sally透過窗戶可以看到到南元的前海，在這裡可以一邊品嚐咖啡一邊欣賞海景。店裡展示出售著妻子Sally親自設計和利用貝殼製作的項鍊、耳環、胸針、戒指、鑰匙圈等大海寶石，以及以濟州島為主題的紋身貼、明信片、杯墊和文具等，選一個作為小小的濟州旅行紀念品也不錯。

　　民宿Emeda House和咖啡廳一樣，陽台可以看到蔚藍的大海。晚上在村子的屋簷下仰望星空也是一種享受。此外，民宿還設有可以欣賞到海景的浴缸，這也是這家民宿的一大特點。

바 다 보 석

地點 서귀포시 남원읍 태산해안로 125 西歸浦市南元邑泰山海岸路 125號

營業時間及休息時間
Café Sally 12:00~20:00，每週二休息

菜單及價格（韓幣） Café Sally 大蝦辣炒年糕 small 8000w / medium 14,000w Emeda House（2人房）13萬元 / 旺季18萬元

電話 010-8662-8611

URL www.sallymin.com

附近觀光景點 남원 큰엉해안경승지 南元洞窟海岸景勝地，위미 동백나무 군락지 為美朴樹群樂地，코코몽 에코파크 Cocomong Eco Park，휴애리 자연생활공원 Hyuaeri自然生活公園

附近美食餐廳 공천포 空天浦，요네주방 Youne廚房（甜辣豆咖哩），타모라돈까스 TAMORA炸豬排，시즌박스SEASON BOX（季節便當），소낭식당 Sonang食堂（炒碼麵）

附近咖啡廳 카페숑 Café Syong，와랑와랑 Warang Warang，시스베이글Sis Bagel，카페 서연의 집Café DE SEOYEUN（建築學概論）

平凡村落裡的
不平凡雜貨店，
B日常雜貨店（B일상잡화점）

　　B日常雜貨店是一間以「日常+風趣=非日常」為主題，聚集了為享樂生活而設計的產品的商店。正如它的店名一樣，在店裡可以看到那些非日常的，只為特別的一天而設計的商品。有些商品會讓人不經意的笑出來，這些東西不見得是日常必需品，但有些東西會讓人想要擁有。

　　B日常雜貨店雖然是一間位於名為「吾照里」小村子裡偶來路上的小店舖，但卻已經是無人不知無人不曉了。雜貨店位於偶來小徑2號路線上，偶爾會經過此地，看到B日常雜貨店的招牌，也會因為忍不住好奇心而走進去看看。

　　B日常雜貨店過去是一間飼養家畜，超過100年的石房改建而成的，屋頂非常的低，身高超過165cm的話，頭會碰到棚頂的木頭。因此在商店入口處準備了四頂寫著「B日常雜貨店」的工地安全帽。看上去像是銷售用的商品，但其實是讓客人帶上帽子購物的風趣點子。

　　店舖裡陳列了設計新穎的濟州島紀念品、文創小物、公仔、生活用品、設計文具和文化雜誌等，200多種在濟州島村落裡很難見到的有趣商品。B日常雜貨店的廣告語寫出了店裡在賣怎樣的商品，看了會讓人忍不住想笑。

　　「我們這裡賣的東西是，你回家會被老媽囉嗦的東西。」

地點　서귀포시 성산읍 오조로 95번길 1 西歸浦市城山邑吾照路 95街 1號

營業時間及休息時間　10:00~17:00，每週日休息

電話　010-5473-1202

URL　http://blog.naver.com/bilsang

附近觀光景點　廣峙其海邊，성산일출봉 城山日出峰，우도牛島，섭지코지 涉地可支，아쿠아플라넷 Aqua Planet水族館，지니어스로사이 Genius Loci，해녀박물관 海女博物館

附近美食餐廳　윌라라 Willala（Fish&Chips），새벽숯불가든 黎明炭烤花園（豬肉），맛나식당 好食食堂（醬煮青花魚），남양수산 南洋水產（島民生魚片店），가시아방 加西亞房（肉燥麵條，濟州島黑豬肉），고성장터국밥 固城市集湯飯（血腸湯飯），옛날옛적 古日古昔（濟州島黑豬肉）

附近咖啡廳　코지카페 Cozy Café，성산읍코지리 城山邑可支里，카페배알로 Café Beallo

七星路獨立出版書店，
LIKE IT（라이킷）

　　濟州獨立出版書店日漸增加。到那裡可以看到一般書店很難找到的書，就像是沙子裡的珍珠一樣的有趣讀物聚集在此，不需跑到其它的地方，在這裡就可以遇到了。

　　這裡將無法投入大量資金的個人出版書籍或小規模出版社的優秀作品，直接陳列上架與讀者見面，對雙方來講都是一件好事。再加上，規模小而樸實又很可愛的空間，也會讓讀者眼前一亮。

　　濟州島終達里的「小心的書店」是代表之一，其他的還有濟州市內創辦「LIKE IT」的獨立出版書店。在七星路的「THE ISLANDER」買好濟州島紀念品出來，向左再走幾步就可以看到這家小巧可愛的「LIKE IT」了。

　　LIKE IT出售獨立出版物和小規模出版物，為了展示新穎有趣的讀物，這家書店也是非常積極的舉辦活動。LIKE IT裡面佈置了一處展覽空間，為濟州島的年輕創作者們，提供作品展和攝影展等空間。除此以外，還銷售一些文具、小商品和飾品等手作商品。

. . . .

地點　제주시 칠성로길 42-2 濟州島七星路42-2號　**營業時間及休息日**　12:00~20:00，星期三休息
電話　010-3325-8796　**URL**　www.facebook.com/likeit.jeju

附近觀光景點　동문시장東門市場，아라리오뮤지엄 ARARIO MUSEUM，이호테우해변 湖海邊，한라수목원 漢拏樹木園，넥슨컴퓨터박물관Nexon Computer Museum

附近美食餐廳　도두해녀의 집 Dodu海女之家（水拌生魚片，海膽拌飯），순옥이네명가舜玉名家（水拌生 鮑魚），개원 開園（中華料理），자매국수姊妹麵條（肉醬麵），은희네해장국恩熙家解酒湯，우진해장국 友珍解酒湯（蕨菜牛肉湯），동문시장東門市場（光明食堂，珍亞年糕店），앞뱅디식당 Apbaengdi食堂 （醬煮海螺），신설오름SINSULORUM（馬尾藻湯），화성식당火城食堂（排骨湯），돌하르방식당多爾哈 魯邦食堂（深海魚湯），돈사촌豚四村（豬肉料理）

附近咖啡廳　A Factory Café，문화카페왓집文化Space What，먹쿠슬낭여행자카페Premium shop & gallery café（紀念品，蘋果芒果冰），제니의 정원Jenny's Garden，알라스카인제주Alaska in Jeju

設計濟州，
Design AB
(Design AB Shop + Office)

出售濟州島紀念品和藝術品的地方，在島上已隨處可見了。這種店舖雖然在大都市很普遍，但在濟州島卻是最近才開始出現的。

濟州島西邊一處美麗的村落，在可以俯視到板浦浦口的地方，落腳在此已2年的ART SHOP，是身為廣告文案撰寫人的丈夫和負責設計的妻子創辦的，因為他們的血型都是AB型，因此給店舖取了「Design AB」的名字。

Design AB是設計及商品開發的空間，板浦里的off-line shop、Design office及店舖一體。Office接收設計商品開發、廣告設計、編輯設計和個性設計等委託工作。大家可以透過部落格看到他們設計的作品。

Shop是出售設計商品、文具、首飾、紀念品和書籍等的空間。這裡有夫妻二人親自設計的商品，也有優秀插畫師和設計師的作品。這裡有很多很有感覺的商品，如果想要購買到不一樣的旅行紀念品，建議到這裡來。白色磁磚的建築外觀，從很遠的地方就能認出來。

地點 제주시 한경면 판포 4 길22 濟州市翰京面板浦 4街22號

營業時間 10:00~18:00 / 10月~5月 星期三休息

電話 070-7348-8201

URL http://blog.naver.com/design_ab

附近觀光景點 협재해변 挾才海邊,금능으뜸원해변 金陵海邊,비양도 飛揚島,한림공원 翰林公園,더마파크 Deoma Park,저지리 문화예술인 마을 楮旨文化藝術人村,낙천리아홉굿마을 樂泉里九巷村,수월봉 水月峰

附近美食餐廳 면뽑는선생 만두빚는아내 做麵的先生包餃子的妻子,모디카 Modica(義式料理),오크라 OKRA(手作炸豬排),서촌제 SeoChonJe(手作炸豬排),보영반점 寶榮飯店(什錦炒碼麵),한림칼국수 Hallim Kalguksu,사형제횟집 四兄弟生魚片(醬煮石斑魚),협재수우동 挾才水烏冬,더꽃돈 Deokkotdon(烤豬肉),추자도회마당 秋子道生魚片店(醬煮刀魚)

附近咖啡廳 엔트러사이트 Anthracite,매기의 추억 Café Maggie,카페 닐스 Café Nilseu,카페 그 곳 Café The Got

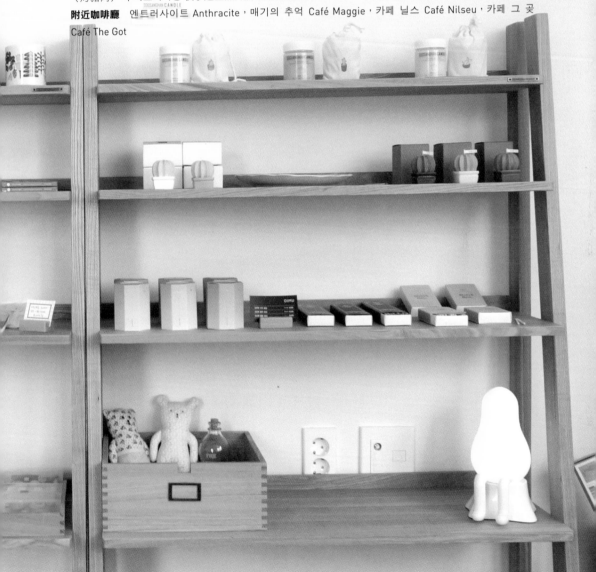

日落夜景

—

Inspiration from Jeju

心動濟州 06

旅行的時候，感覺時間總是比平時過得快。正因如此，太陽西下的傍晚時分，總是會覺得意猶未盡，太早回到住處會覺得太可惜。一天結束以前，到可以欣賞夕陽的海邊來，把時間用的淋漓盡致，如果欣賞夕陽仍然不滿足，那麼再來介紹充實夜晚的夜景景點。

夢幻水光夜景，
天地淵瀑布

*

　　濟州島著名的瀑布有：天地淵瀑布、正房瀑布、天帝淵瀑布、Eongtto瀑布、遠洋瀑布等。正房瀑布的瀑布水直接墜入大海的樣子可謂是絕景，天帝淵瀑布則是三段瀑布連接在一起。位於頓乃克的Eongtto瀑布要在下雨天才能看到，遠洋瀑布的顏色則是透明的翠綠色。最後的天地淵瀑布則是沿著散步小路走10分鐘左右可以看到的瀑布，白天的自然景色很美，但夜景也相當吸引人。直到夜裡10點，還有照明的天地淵瀑布可以讓夏日的炎熱消除，也撫慰了覺得一天時間過得太快的遊客們。

- -

地點　서귀포시 천지동 667-7 西歸浦市天地洞 667-7號
入場時間　日出時～22:00（21:10截止進入）
入場費　成人2000w / 青少年及兒童1000w
電話　064-733-1528
附近觀光景點　이중섭 문화거리 李仲燮文化街，정방폭포 正房瀑布，서귀포유람선 西歸浦遊船，서귀포 잠수함 西歸浦潛水艇，쇠소깍 牛沼河口，외돌개 獨立岩，황우지해안 黃牛地海岸，엉또폭포 Eongtto瀑布

華麗的
西歸浦夜晚，
新緣橋

＊

距離天地淵瀑布不遠處的地方有一座連接鳥島的橋——新緣橋。新緣橋是以濟州傳統的捕魚船「TE-U」為原型加以現代式的詮釋設計完成的。新緣橋為在西歸浦度過良宵的遊客們提供了夜間美景。鳥島雖然也開放夜間觀光，但夜裡在鳥島散步，看不到大海與漢拏山，所以還是推薦白天前往。

地點 서귀포시 서홍동 西歸浦市西烘洞　　**電話** 064-760-3471
附近觀光景點 이중섭 문화거리李仲燮文化街，정방폭포正房瀑布，천지연폭포天地淵瀑布，서귀포유람선西歸浦遊船，서귀포 잠수함西歸浦潛水艇，쇠소깍 牛沼河口，외돌개獨立岩，황우지해안黃牛地海岸，엉또폭포Eongtto瀑布
附近美食餐廳 서귀포맛집 팔팔西歸浦美食餐廳88（精肉食堂，海鮮湯），쌍둥이횟집雙胞胎生魚片店，어진이네횟집魚珍之家生魚片店（水拌生魚片），천짓골식당CheonJitgol食堂（濟州島黑豬肉），진주식당珍珠食堂（道地傳統料理），관촌밀면關村小麥麵（餃子，小麥麵），새로나분식Saerona Snack（套餐），우정회센타友情生魚片中心（秋刀魚紫菜捲飯），네거리식당Negeori食堂（刀魚湯），삼보식당三寶食堂（道地傳統料理）
附近咖啡廳 카페드스웨이CAFÉ DU SWAY，테라로사TERAROSA，비농Banong

神秘的異國風情，
新昌風車海岸

*

濟州島海岸邊的村子，海風尤其大。沿著海岸道路兜風的時候，總是會看到風力發電機，其中有一處的景色非常有異國風情，那正是新昌風車海岸道路。新昌海岸的風力發電機建在海浪洶湧的大海裡，站在連接到它的橋上，會有種行走在大海上的感覺。在橋上散步如果正巧遇上漲潮的話，望向遠處的燈塔可以一直走過去。

地點 제주특별자치도 제주시 한경면 신창리 濟州特別自治道濟州市翰京面新昌里

電話 064-728-7973

附近觀光景點 협재해변 挾才海邊，금능으뜸원해변 金陵海邊，비양도 飛揚島，한림공원 翰林公園，더마파크 Deoma Park，저지리 문화예술인 마을 楮旨文化藝術人村，낙천리아홉굿마을 樂泉里九巷村，수월봉 水月峰

附近美食餐廳 면뽑는선생 만두빚는아내 做麵的先生包餃子的妻子，모디카 Modica（義式料理），서촌제 SeoChonJe（手作炸豬排），보영반점 寶榮飯店（什錦炒碼麵），한림칼국수 Hallim Kalguksu，사형제횟집 四兄弟生魚片（醬煮石斑魚），협재수우동 挾才水烏冬，더꽃돈 Deokkotdon（烤豬肉料理），추자도회마당 秋子道生魚片店（醬煮刀魚）

附近咖啡廳 엔트러사이트 Anthracite，매기의 추억 Café Maggie，카페 닐스 Café Nilseu，카페 그 곳 Café The Got

島與島之間的 美麗日落, **遮歸島**

*

遮歸島是由主島的竹島、智實里島、瓦島和小的附屬島組成的島嶼。遮歸島浦口可以拍下島與島之間日落的美景，因此這裡成為了攝影愛好者們的人氣景點。距離日落前，如果還有時間，可以到附近的Eongal路走走。Eongal路是水月峰地質越野路線的一部分，是可以看到神奇又美麗的堆積層海岸絕壁路線。推薦可以搭乘大約兩個小時左右的釣魚船體驗活動。

地點 제주특별자치도 제주시 한경면 濟州特別自治道濟州市翰京面
電話 064-728-7973
附近觀光景點 차귀도 배낚시 遮歸島釣魚船，저지리 문화예술인 마을 楮旨文化藝術人村，낙천리아홉굿마을 樂泉里九巷村，수월봉 水月峰
附近美食餐廳 면뽑는선생 만두빚는아내 做麵的先生包餃子的妻子，모디카 Modica（義式料理），오크라OKRA（手作炸豬排），서촌제 SeoChonJe（手作炸豬排），보영반점 寶榮飯店（什錦炒碼麵），한림칼국수 Hallim Kalguksu，사형제횟집 四兄弟生魚片（醬煮石斑魚），협재수우동 挾才水烏冬，더꽃돈 Deokkotdon（烤豬肉料理），추자도회마당 秋子道生魚片店（醬煮刀魚）
附近咖啡廳 엔트러사이트 Anthracite，매기의 추억 Café Maggie，카페 닐스 Café Nilseu，카페 그 곳 Café The Got

07

—

Jeju olles

邊玩樂邊休息，偶來的濟州

如今，偶來小徑已經成為了濟州的代名詞。村裡曬蕨菜的院子和狹窄的石牆路，還有區隔高麗菜田和芐藍田的矮田牆，連綿起伏的山丘和翡翠綠的海域等，貫穿著濟州路線的偶來小徑。濟州島的魅力，只有走過偶來小徑的人才會懂。

5號路線，
牛沼河口

　　位於偶來5號路線的牛沼河口是溪谷和大海交匯的地方，熔岩流淌下來形成了深深的山谷。奇岩怪石和松樹林，還有透徹乾淨的水融合在一起，為我們展現了一處絕景。電視劇和綜藝節目等媒體也會經常介紹這裡，在到濟州玩的遊客心中，這裡也是十分有人氣的路線。可以體驗濟州傳統的捕魚船「Te-U」，如果錯過了Te-U的體驗預約，還可以選擇體驗透明的獨木舟和水上腳踏車，近距離的欣賞奇岩，別有一番妙趣。

· ·

地點　제주특별자치도 서귀포시 효돈로 170 濟州特別自治道西歸浦市孝敦路 170號

電話　064-732-1562

URL　http://www.jejuolle.org

附近觀光景點　이중섭 문화거리 李仲燮文化街，정방폭포 正房瀑布，천지연폭포 天地淵瀑布，서귀포유람선 西歸浦遊船，서귀포 잠수함 西歸浦潛水艇，외돌개 獨立岩，황우지해안 黃牛地海岸，엉또폭포 Eongtto瀑布

附近美食餐廳　서귀포맛집 팔팔 西歸浦美食餐廳88（精肉食堂，海鮮湯），쌍둥이횟집 雙胞胎生魚片店，어진이네횟집 魚珍之家生魚片店（水拌生魚片），천짓골식당 CheonJitgol食堂（濟州島黑豬肉），진주식당 珍珠食堂（道地傳統料理），관촌밀면 關村小麥麵（餃子，小麥麵），새로나분식 Saerona Snack（套餐），우정회센타 友情生魚片中心（秋刀魚紫菜捲飯），네거리식당 Negeori食堂（刀魚湯），삼보식당 三寶食堂（道地傳統料理）

附近咖啡廳　카페드스웨이 CAFÉ DU SWAY，테라로사 TERAROSA，비농 Banong

△
△△

7號路線，
獨立岩

　　在偶來路線當中，7號路線是最具有人氣的。7號路線開始於黃牛地海邊，那裡是不經意就會錯過的地方，如果要去獨立岩最好順路看一看。那裡可以看到水中的魚，大自然建造的天然海水游泳池。7號路線因電視劇《大長今》背景畫面而出名的獨立岩，沿著海岸線連接的奇岩峭壁，在散步的過程中會讓人讚嘆不已。

地點　　귀포시 남성중로(서귀동) 西歸浦市南城中路（西歸洞）

電話　　064-760-3033

URL　　http://www.jejuolle.org

附近觀光景點　이중섭 문화거리李仲燮文化街，정방폭포正房瀑布，천지연폭포天地淵瀑布，서귀포유람선西歸浦遊船，서귀포 잠수함西歸浦潛水艇，쇠소깍牛沼河口，황우지해안黃牛地海岸，엉또폭포Eongtto瀑布

附近美食餐廳　서귀포맛집 팔팔西歸浦美食餐廳88（精肉食堂，海鮮湯），쌍둥이횟집雙胞胎生魚片店，魚珍之家生魚片店（水拌生魚片），천짓골식당CheonJitgol食堂（濟州島黑豬肉），진주식당珍珠食堂（道地傳統料理），관촌밀면關村小麥麵（餃子，小麥麵），새로나분식Saerona Snack（套餐），우정회센타友情生魚片中心（秋刀魚紫菜捲飯），네거리식당Negeori食堂（刀魚湯），삼보식당三寶食堂（道地傳統料理）

附近咖啡廳　카페드스웨이CAFÉ DU SWAY，테라로사TERAROSA，비농Banong

10號路線，
松岳山

　　總長15.5km，行進時間約4～5個小時左右的偶來路線，會經過山房山和松岳山。10號路線也是行走偶來小徑愛好者們的熱愛的路線之一。該路線會沿著位於路線中間的松岳山的海岸繞上一圈，起點和終點相同，時間不足的遊客只要走上一個小時就夠了。大海間可以看到的漢拏山和山房山的景緻絕佳。雖名為山，其實是連小朋友也可以輕鬆前往的散步路線。

....

地點　서귀포시 대정읍 송악관광로 西歸浦市大靜邑松岳觀光路421-1號
電話　064-120
URL　http://www.jejuolle.org
附近觀光景點　용머리해안 龍頭海岸，갚파도加波島，마라도 馬羅島，마라도 잠수함 馬羅島潛水艇，서귀포 김정희 유배지 西歸浦 金正喜流放地，산방산山房山，오설록 Osulloc
附近美食餐廳　산방식당山房食堂（小麥麵），하르방밀면哈魯邦（海螺刀切麵），부두식당布頭食堂（醬煮刀魚，魴魚生魚片），덕승식당德勝食堂（醬煮刀魚），옥돔식당 Okdom食堂（海螺刀切麵），용왕난드르 Nandeureu（海螺疙瘩湯），젠하이드어웨이 제주 Zenhideaway Jeju（義大利麵），남경미락南京美樂（生魚片）
附近咖啡廳　스테이위드커피 Stay with coffee，Salon de 소자 38 Salon de soja38，Wendkuni，나비정원 蝴蝶庭院，물고기카페 Mulgogi café，레이지박스 Lazy Box

19號路線，
咸德

　　從朝天萬歲花園到金寧的19號路線是一條路經環海路、山丘、Got-jawal、村莊和田園等的路線。經過咸德犀牛峰海邊，登上犀牛峰再回頭望去的咸德海邊，如同一幅展開的全景畫。特別是在4～5月的時候，這裡的油菜花、蘿蔔花、青麥美得更是像一幅畫。

....

地點　제주시 조천읍 함덕리 1008 濟州市朝天邑咸德里 1008號
電話　064-728-3989
URL　http://www.jejuolle.org
附近觀光景點　다희연 茶喜然，거문오름 拒文岳，에코랜드 生態樂園，산굼부리 山君不離，절물자연휴양림 寺泉自然休養林，사려니숲 思連伊林蔭路，돌문화공원 石頭文化公園，붉은오름자연휴양림 赤岳自然休養林，노루생태관찰원 獐鹿生態觀察園
附近美食餐廳　잠녀해녀촌 潛女海女村（水拌生魚片・鮑魚粥），버드나무집 柳樹家（海鮮刀切麵），숨어있는집 隱藏之家（炸雞），모닥식탁MODAK餐桌（咖哩），신촌덕인당新村德仁堂（濟州大麥麵包）
附近咖啡廳　프롬제이 From J，귤꽃橘花，라포레사러니 La Foret SaRyeoni，구름언덕雲丘，다희연 동굴카페 茶喜然洞窟咖啡廳

濟州偶來的代表，
간세 Gan-se

　　代表著濟州偶來小徑的矮馬標記，叫做「간세Gan-se」。「간세 Gan-se」的全名是「간세다리Gan se da ri」，即濟州方言「懶人」，意思是「悠閒地」、「慢慢地」，意味著在偶來小徑上一邊休息一邊欣賞一邊感受，慢慢地散步。Gan-se的設計既現代又簡潔，它與草、藤蔓纏繞在一起，花開的時候還會深陷其中，與蔚藍的大海也很搭配，仰望山坡上的Gan-se，彷彿那是窗框一樣透過它看到白雲，空心的設計是為了讓濟州的風可以通過，這樣可以更長久的支撐在那裡。

　　濟州偶來總共26條路線，每條路線上都有值得探訪的特色，如觀光景點、山丘、大海、風、市場、花等都被設計成印章，可以在偶來護照上蒐集印章帶回去留念。在偶來小徑的起點、中途、終點，三個地點中只要蒐集到其中兩個地點的印章，就會被認證走完該路線。每個路線的印章設計不同，會印下什麼樣的圖案，讓人產生好奇，蓋印章的趣味也在於此。如果全部的印章都蓋滿的話，也就是代表走完了超過425km的路程，那麼便可以得到濟州偶來榮譽殿堂的榮耀了。蓋滿偶來印章其實不是件簡單的事情，因此可以登上榮譽的殿堂本身就是件值得高興和祝賀的事情。

　　全世界的遊客來親自體驗偶來小徑，一同被它感動。隨後在英國、瑞士、澳大利亞、加拿大和黎巴嫩等各個國家，也相繼出現了濟州偶來小徑的友誼之路。同時，偶來品牌也出口到日本九州，正在一步步地成為國際品牌，濟州偶來再也不只是濟州島的本土品牌了。

自己動手做
濟州偶來紀念品，
Gan-se布偶

　　旅行快要結束的時候總是會覺得不捨和無奈，並想要收藏起旅行的回憶。濟州偶來也有很多像是冰箱磁鐵、圍巾和文具等增加旅行回憶的紀念品，其中最具代表性的是Gan-se布偶。Gan-se布偶是濟州的象徵矮馬，濟州媽媽們一針一線縫製的濟州紀念品，賣得越多對濟州島地區的經濟和偶來小徑的經營越有幫助。收集不要的舊衣服和碎布料來縫製布偶，因此對環境保護也有幫助。Gan-se布偶可以在西歸浦仲燮藝術街上的「바농Banong」咖啡廳親手參與製作，體驗費（12,000w），也可以購買做好的成品（每個15,000w）。

地點　서귀포시 이중섭로 19 동원미용실「바농」西歸浦市 仲燮路 19號 東園美容室「Banong」
營業時間及休息日　10:30～23:00，全年無休
費用　體驗製作Gan-se布偶12000w（13:00～18:00）
電話　064-763-7703
附近觀光景點　이중섭 문화거리李仲燮文化街，정방폭포正房瀑布，천지연폭포天地淵瀑布，왈종미술관曰鐘美術館，서귀포 잠수함 西歸浦潛水艇，쇠소깍牛沼河口，외돌개 獨立岩，황우지해안黃牛地海岸，엉또폭포Eongtto瀑布
附近美食餐廳　서귀포맛집 팔팔 西歸浦美食餐廳88（精肉食堂，海鮮湯），쌍둥이횟집 雙胞胎生魚片店，어진이네횟집 魚珍之家生魚片店，천짓골식당 CheonJitgol食堂（濟州島黑豬肉），진주식당 珍珠食堂（道地傳統料理），관촌밀면 關村小麥麵（餃子，小麥麵），오가네설렁탕 OGANE牛肉湯（鮑魚牛肉湯），새로나분식 Saerona Snack（套餐），우정회센타 友情生魚片中心（秋刀魚紫菜捲飯），네거리식당 Negeori食堂（刀魚湯），삼보식당 三寶食堂（道地傳統料理），자매국수 姊妹麵條
附近咖啡廳　카페드스웨이 CAFÉ DU SWAY，테라로사 TERAROSA，비농 Banong

△
△
△

濟州手感小物，

濟州偶來工作坊

　　濟州偶來工作坊是濟州偶來和濟州多個村子合作，陸續建立起的濟州文化紀念品品牌。他們為來到濟州島的遊客們，準備了帶有濟州故事和濟州手感的禮物及充滿回憶的紀念品。紀念品使用了濟州的材料，透過熱愛濟州的島民們製作出代表各自村子特色的各式紀念品。銷售收入用於保護美麗的濟州島，這是非常有意義的。

　　濟州偶來工作坊的第一項活動是與濟州市內的西門公設市場合作，位於舊市區，現在叫做「西門市場」，代表著濟州西部地區的傳統市場。其中把位於2樓的布木商店街中，裁縫和天然染色的專家們聚集在一起，成立了「西門偶來工坊合作社」。

　　濟州偶來工作坊在濟州西門公設市場製作了天然染色的圍裙、被單、毛毯、Gan-se靠墊等。圍裙的染色使用了柿子、洋蔥、炭、紅花、梔子、栗子殼、生草、蘿蔔、菁草等，染色和曬乾的過程裡，是濟州的風最後完成了漂亮的自然染色。西門偶來工坊的被單、毛毯和Gan-se靠墊等布料產品，主要使用拼縫技法，細看被單和毛毯精細的拼縫技法就會發現，三角形的布頭表現了濟州的山丘，條紋的布料表現了柱狀節理，Gan-se靠墊是運用Gan-se的布偶製作而成的。Gan-se靠墊也是利用了布頭拼湊而成，拼縫時考慮到靠墊的大小，所以選用了四方形的拼縫布料，於是這也成為了一項設計。完成的Gan-se靠墊，具有現代感的外觀，格子紋路的設計既有創意，色彩也非常豐富，不論擺在哪裡都是一個不錯的裝飾。

　　濟州偶來工作坊持續與濟州島的村子合作，他們會繼續地進行第二、第三個具有意義的計劃。

濟州自然的魅力，海岸絕景

—

Inspiration from Jeju

心動濟州 07

真正在濟州島旅行的方法，最重要的是去感受火山島本身具有的魅力，特別是沿海附近的雄偉景觀，無法不感嘆是如何形成這樣的天然景色。推薦四個地點都有著不同感受的絕景，特別是廣峙其海邊、龍頭海岸和柱狀節理，都是濟州島旅行中不可錯過的景點。

大自然之美的感動，
廣峙其海邊

城山日出峰前面的廣峙其海邊，是可以真正看到濟州真面目的地方。約7千年前，冰冷的海水和岩漿在這裡碰撞後形成的地形。這是在一般的海邊看不到的地形，廣峙其海邊以城山日出峰為背景，是可以觀看日出的景點。冬天大海海面浮出的岩石，上面的苔蘚變成了綠色，拍出的照片顏色會特別鮮明。利用潮汐APP確認好城山浦的最佳退潮時間，在那時間前後兩個小時到達廣峙其海邊，便可以看到最佳的景色（最佳退潮時間如果是4點，那麼2點到6點之間抵達即可）。

地點 성산포 JC 공원 城山浦JC公園
附近觀光景點 성산일출봉 城山日出峰，우도牛島，섭지코지 涉地可支，아쿠아플라넷 Aqua Planeto水族館，지니어스로사이 Genius Loci，해녀박물관 海女博物館

與大海為伍的
巨大奇岩絕壁，
龍頭海岸

作為濟州島上最久遠的火山地形，形狀像是把頭伸入海底的龍，因此有了「龍頭海岸」的名稱。很多人把它與濟州市內的龍頭岩搞混了，龍頭海岸與龍頭岩方向正好相反，它位於濟州的南邊。這裡是會感嘆韓國竟然也會有這種絕景，讓人深深感動的地方，沿著海岸仰望奇岩絕壁，在大自然面前會不知不覺的變得謙虛起來。去年發生了落石事件以後，為了安全起見，入口處有準備安全帽。龍頭海岸會因為氣象關係或滿潮而限制參觀，所以出發當天提早打電話確認會比較好。

地點 제주특별자치도 서귀포시 안덕면 사계리 濟州特別自治道西歸浦市安德面沙溪里
入場時間 09:00~18:00（滿潮及氣象惡劣時管制）
入場費 成人2000w，兒童1000w **電話** 064-760-6321
附近觀光景點 송악산 松岳山，마라도 馬羅島，산방산 山房山，오설록 Osulloc

海上展開的
玄武岩屏風,
大浦柱狀節理

＊

大浦柱狀節理會令人難以相信那是大自然形成的精緻的六角形、五角形等形狀的玄武岩柱子。精確的像是拼圖一樣,每個柱子菱角都相互吻合沿著海岸展開,拍打在柱狀節理上的海浪,被柱子的形狀劈開流淌過去。大風雨和浪大的天氣,浪花會拍打到更高處,直逼遊客所在的地方,展現了它的雄偉壯觀。

....

地點 제주특별자치도 서귀포시 중문동 濟州特別自治道西歸浦市中文洞
開放時間 09:00~10:00(根據日落時間會有所調整)
入場費 成人2000w,兒童1000w
電話 064-760-6351
附近觀光景點 중문색달해변 中文色月海邊,천제연폭포 天帝淵瀑布,테디베어뮤지엄 Teddy Bear Museum,여미지식물원 如美枝植物園,믿거나 말거나 뮤지엄 Ripley's Believe It or Not! Jeju,군산오름 群山岳
附近美食餐廳 덤장 Deomjang(鄉土料理),꽃돼지연탄구이 花豬炭火烤肉(豬肉料理),신라원 新羅園(馬肉),돌하르방밀면 多爾哈魯邦小麥麵

壯觀的海岸絕景,
南元洞窟海岸

＊

偶來第5條路線海岸上有一處面向大海,像是張著大嘴在吞食海浪的岩石,被稱作「南元洞窟」的海岸景點,是經過多次熔岩堆積而成的海岸絕壁。「南元洞窟」是該地的地名「南元」和因海浪拒打山壁,形成岩石陰影或洞穴意思的「洞窟」組合而成的名字。沿著海岸絕壁走2km處,便是偶來小徑散步小路了。沿著散步小路再往前走,就會看到南元洞窟的拍照區中的一處景點,像是韓國地圖模樣的林蔭路。

....

地點 제주 서귀포시 남원읍 남원리 濟州西歸浦市南元邑南元里
附近觀光景點 위미 동백나무 군락지 為美朴樹群樂地,코코몽 에코파크 Cocomong Eco Park,휴애리 자연생활공원 Hyuaeri自然生活公園
附近美食餐廳 공천포 空天浦,요네주방 Youne廚房(甜辣豆咖哩),소낭식당 Sonang食堂(炒碼麵)타모라돈까스 TAMORA炸豬排,시즌박스SEASON BOX(季節便當)
附近咖啡廳 카페숑 Café Syong,와랑와랑Warang Warang,시스베이글Sis Bagel,서연의 집Café DE SEOYEUN(建築學概論)

JEJU REI
旅行路線推薦

+

旅行路線使用方法

1. 請自由調整旅行路線的日行程。
2. 地區以符號「/」區分。
3. 「根據季節一定要去的地方」可以依照喜好適當的選擇。
4. 附近美食餐廳和咖啡廳請參考地圖。
5. 其他訊息請參考JEJU REI部落格 (http://www.jejureigh.com)介紹的各式旅行路線。

3天2夜的旅行路線

第一天 / 濟州馬房牧地，寺泉自然修養林，生態樂園，石頭文化公園 / 細花海邊，廣峙其海邊

第二天 / 金永甲美術館 / 牛沼河口，獨立岩，正房瀑布 / 柱狀節理，群山岳 / 龍頭海岸

第三天 / 松岳山 / 挾才海水浴場，金陵海邊，翰林公園 / 月汀海岸道路

4天3夜的旅行路線

第一天 / 咸德犀牛峰海邊 / 龍眼岳，榧子林，月汀里，細花海邊 / 涉地可支

第二天 / 牛島（西濱白沙，牛島峰，黑沙海邊，下古水洞）/ 城山日出峰，廣峙其海邊，Aqua Planet水族館

第三天 / 牛沼河口 / 李仲燮文化街（推薦週末）/ Hyuaeri / 柱狀節理，中文色月海邊

第四天 / 龍頭海岸，松岳山 / 挾才海水浴場 / 多樂分校，涯月海岸道路

5天4夜的旅行路線

第一天 / 濟州馬房牧地，思連伊林蔭路，寺泉自然修養林，石頭文化公園 / 金寧迷路公園，龍眼岳 / 月汀里海邊

第二天 / 細花海邊 / 牛島（西濱白沙，牛島峰，黑沙海邊，下古水洞）/ 廣峙其海邊，涉地可支

第三天 / 多羅非岳，金永甲美術館 / 牛沼河口，獨立岩 / 天地淵瀑布，新緣橋

第四天 / 柱狀節理，中文色月海邊，香格里拉遊艇遊 / 龍頭海岸，沙溪海岸兜風，松岳山

第五天 / 馬羅島 / 挾才海水浴場，翰林公園 / 郭支海邊，韓潭海岸散步路

適合長輩的4天3夜旅行路線

第一天 / 咸德犀牛峰海邊 / 寺泉自然修養林 / 廣峙其海邊，涉地可支

第二天 / 牛沼河口，獨立岩 / 柱狀節理，如美地植物園，群山岳

第三天 / 龍頭海岸 / 沙溪海岸兜風 / 馬羅島潛水艇 / Osulloc

第四天 / 幻想林 / 翰林公園，挾才海水浴場

適合孩子的3天2夜旅行路線

第一天 / 咸德犀牛峰海邊 / 寺泉自然修養林，生態樂園 / 金寧迷路公園，榧子林，龍眼岳 / 月汀里海邊

第二天 / 廣峙其海邊，Aqua Planet水族館，城山日出峰（海女表演）/ 日出樂園

第三天 / 牛沼河口（獨木舟），正房瀑布，Hyuaeri / 柱狀節理，群山岳，Teddy Bear Museum

適合孩子的4天3夜旅行路線

第一天 / 咸德犀牛峰海邊 / 獐鹿生態觀察園，寺泉自然修養林，思連伊林蔭路 / 金寧海水浴場 / Maze Land

第二天 / 牛島（西濱白沙，牛島峰，黑沙海邊，下古水洞）/ 城山日出峰（海女表演），廣峙其海邊（騎馬），Aqua Planet水族館 / 矮馬體驗公園

第三天 / 牛沼河口（獨木舟），Hyuaeri，曰鐘美術館，正房瀑布 / 柱狀節理，Teddy Bear Museum，A Live Museum，香格里拉遊艇遊

第四天 / 龍頭海岸，馬羅島，松岳山 / 泉里椅子公園 / 挾才海邊 /涯月海岸道路，多樂分校

適合情侶的3天2夜旅行路線

第一天 / 濟州馬房牧地，生態樂園 / 在翰東～坪岱～細花海邊的咖啡廳欣賞海景 / 榧子林 / 廣峙其海邊

第二天 / 金永甲美術館 / 李仲燮文化街，牛沼河口（獨木舟），獨立岩 / 柱狀節理，群山岳，香格里拉遊艇遊 / 龍頭海岸 / 新昌風車海邊

第三天 / 松岳山 / Innisfree，BIOTOPIA，方舟教會 / 挾才海邊 / 涯月海岸道路，多樂分校

女孩們的3天2夜旅行路線

第一天 / 濟州馬房牧地，寺泉自然修養林，生態樂園 / 月汀里海邊或細花海邊 / 廣峙其海邊

第二天 / 金永甲美術館 / 南元洞窟，牛沼河口，李仲燮文化街（週末市場）/ 柱狀節理 / 龍頭海岸

第三天 / 松岳山 / Osulloc Tea Stone / 楮旨藝術人村 / 曉星岳 / 挾才海水浴場 / 涯月海岸道路

··

初次遊玩濟州島的3天2夜的旅行路線

第一天 / 咸德犀牛峰海邊 / 濟州馬房牧地, 寺泉自然修養林 / 龍眼岳，榧子林 / 城山日出峰

第二天 / 廣峙其海邊，涉地可支 / 牛沼河口，獨立岩，正房瀑布 / 柱狀節理，中文色月海邊，群山岳

第三天 / 龍頭海岸，松岳山 / 曉星岳 / 挾才海水浴場，翰林公園 / 涯月海岸道路

··

根據季節一定要去地方

春天 / 野火節（46p），櫻花（39p），油菜花（19p），鹿山路（54p），加波島青麥節（26p），犀牛峰環林路，生態樂園（214p），體驗綠茶園，漢拏山高世岳

夏天 / 思連伊林蔭路（49p），清水Gotjawal螢火蟲（216p）， 天地淵瀑布（306p），金京淑向日葵，月令仙人掌村

秋天 / 曉星岳（42p），多羅非岳（41p）， 山君不離（43p），馬羅島（272p），飛揚島（273p）， 石頭文化公園（11p）

冬天 / 山茶花庭園（51p），漢拏山雪景（37p），新川海牧場（17p），柑橘體驗（16p），油菜花（2月開始）

下大雨的時候 / Eongtto瀑布

台灣部落客帶你玩濟州
——濟州島自由行
【6 大主題玩法 附錄】

▸暢玩濟州，坐巴士方便又省錢
▸6 大必去景點，戀上濟州慢遊行

圖文 /Alina 提供
FB【Alina 愛琳娜 嗑美食瘋旅遊】

暢玩濟州

坐巴士方便又省錢！

自從 2017 年 8 月濟州島巴士全面改版後，搭乘濟州島巴士暢玩濟州全島，比以前更方便快速又划算。

巴士的路線號碼跟外觀全面更新，編制改為四種巴士公車，旅人們可以依照自己的行程規劃路線，選擇急行直達或轉乘，票價單一化、還可享有兩次免費轉乘優惠，暢遊濟州島更簡單！

濟州島大眾交通系統，全新改編 Key Point!

交通系統改編後，主要分成四種路線類別，並以四種顏色各代表：
急行巴士 / 幹線巴士 / 支線巴士 / 循環觀光巴士。

急行巴士—**1** 開頭車號：機場到主要環島路線及主要幹線。

幹線巴士—**2** 開頭車號為一般幹線；**3** 開頭車號為濟州市幹線；**5** 開頭車號為西歸浦市幹線。

支線巴士—**4** 開頭車號為濟州市支線；**6** 開頭車號為西歸浦市支線；**7** 開頭車號為邑面支線。

循環觀光巴士—**山間地區觀光循環巴士**；東部 801 繞行大川換乘中心一帶； 西部 802 繞行東廣換乘中心一帶。

原本的市內、市外巴士、City Tour Bus 都改編為四種巴士公車路線，分成長程、中程、短程，主要大道或是鄉間小道。

1 急行巴士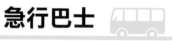

一、紅色的巴士：起迄點為濟州國
際機場，車輛顏色為紅色，共有 12
條急行公交車路線，主打一小時內
到達目的地。行經島上主要環島路
及環島幹線，**車輛號碼為 1 開頭。**

急行巴士會停靠島上四大換
乘中心：濟州機場、東廣、
西歸浦、大川，可依自行路
線規劃在換成中心換乘 幹線
巴士 / 支線巴士前往目的地。

2.3 幹線巴士 & 支線巴士

因為兩種幹線巴士有點近似跟重疊，主要就是
將原本的市內、市外巴士路線 彙整再細分。

二、藍色的巴士：一般幹線（2 開頭）/ 濟州幹
線（3 開頭）/ 西歸浦幹線（5 開頭）。前身就
是市外巴士，是島上最常用的交通路線公交車。
三、藍綠色的巴士： 濟州支線（4 開頭）/ 西
歸浦支線（6 開頭）/ 邑面支線（7 開頭）。
支線巴士主要行經市區內的小道，深入前往濟州島的郊區小村落。邑面支線將濟州
島分成四塊，路線架構有點類似之前的濟州循環巴士。

4 觀光景點循環巴士

主要以兩條路線組成，是濟州島山間地區觀光的循環巴士，連接濟州島東西部的主要景點。

810 大川景點循環巴士

以東部景點為主：
以前因為交通不便，很難到的濟州鐵道自行車，還有驚奇的戶外運動高空滑索，漢拏山 - 茶喜然（見 P27）都可以搭乘 810 循環巴士。

820 東廣景點循環巴士

以西部景點為主：
濟州島西面著名的遊樂景點區都可搭 820 前往，像是玻璃之城、雪綠茶，還有近期盛大開幕的神話世界都可以。

所有的巴士在濟州巴士客運總站
都可以搭乘。

8 大重要改變總整理

❶ 上下車均需感應交通卡（T-money / Cashbee）。

❷ 幹線 / 支線 巴士公車票價均一價，單趟 1200 韓元（交通卡有折扣 50 元台幣 = 1150 韓元）。

❸ 搭乘 幹線 / 支線 巴士公車，40 分鐘內可享兩次免費換乘。

❹ 急行巴士 單趟車資為 2000~4000 韓元，依區域而票價不同。

❺ 觀光循環巴士 車資為單趟 1200 韓元，但不適用轉乘優惠。

❻ 原濟州島公車數量 530 輛，改編後增加 267 輛；總數增加為 797 輛。

❼ 發車間距縮短，降低郊區的交通不便性。

❽ 濟州島全部巴士公車上提供免費 WiFi 熱點。

600 號機場巴士和濟州城市觀光巴士不受影響！

交通系統改制後，600 號機場巴士跟濟州黃金旅遊巴士已變更為 JEJU CITY TOUR：濟州城市觀光巴士，可以在機場跟巴士客運總站搭乘。

黃金巴士有停靠濟洲島上著名的觀光景點：像是東門市場、龍頭岩、黑豬肉一條街、LOVE LAND、漢拏樹木園等。乘車券可以透過中文的網路 APP 購買，會比較優惠。

濟州城市觀光巴士 JEJU CITY TOUR

Alina 貼心小叮嚀
/////////////////////
在濟州島上使用 Kakao map（App）會比 Naver map（App）的資訊完整喔。

戀上濟州慢遊行

就是要你們跟我一樣，愛上濟州島的美景，愛上濟州的美味，必吃的美味黑豬肉、必玩的可愛牛島、神話世界樂園，以及我最愛的濟州海景咖啡館，看海景喝咖啡，還有韓妞瘋狂自拍打卡的粉紅亂子草也規劃在裡面了，一起衝吧。

圖文網頁完整版

1 涯月海岸周邊巡禮

涯月海岸周邊有許多特色咖啡廳，及電視節目專訪的道地餐點，伴隨著濟州島最美海岸的風景，是第一次來濟州島的旅人必遊之地。

美食推薦 ➊ ### 涯月 NOLMAN 海鮮拉麵

一碗海鮮泡麵只要 6000 韓元（約臺幣 200 元），香辣的海味湯頭、Q 彈泡麵還有新鮮螃蟹、淡菜跟鐵甲蝦，超級滿足。

店家資訊

濟州島美食 NOLMAN 놀맨
地址：제주시애월읍애월로 1길 24 濟州市涯月邑涯月路 1 路 24
電話：064-799-3332、營業時間：10:00-18:00（賣完為止）
交通方式：搭幹線巴士 202 -1 號於漢潭洞한담동 站下車後步行約 5 分鐘。

紅色濟州海鮮盤（多人適合）

把海鮮用得像火山一樣巨大，濟州島
特產黑豬肉跟新鮮海味都在盤裡。

店家資訊

紅色濟州 붉은제주

地址：제주특별자치도 제주시 애월읍 애
월로 37 1 층

濟洲市涯月邑涯月路 37 1 樓（提供網路
預約訂位）。

電話：064-744-9123

營業時間：11:00-21:00 **公休日**：每周日

備註：用餐時間限制為 90 分鐘

交通方式：搭幹線巴士 202-1 號於漢潭洞
한담동站 下車後步行約 5 分鐘。

Monsant cafe

曾為 GD 權志龍投資的咖啡店，雖然咖啡館現在已跟 GD 本人無關。但其咖啡館的獨
特設計風格、時尚外觀，加上涯月海邊的自然海景，還是很值得到現場一睹風采。

店家資訊

Monsant de Aewol
몽상드애월

地址：제주특별자치도 제
주시 애월읍 애월리 2546

濟州市涯月邑涯月里 2546

電話：064-799-8900

營業時間：09:00-21:00

（最後點餐時間 20:00）

景點推薦 ❷　涯月翰潭步道（애월한담산책로）

從涯月翰潭村往海岸方向走，
下樓梯之後就可以看到步道，
是濟州島最美麗的步道之一。
（詳見書 P57）

景點推薦 ❸　無尾熊咖啡館 KOALA COFFEE

是一間帶點澳洲叢林氛圍的濟州特色咖啡館，老闆精挑細選的各國咖啡豆，提供不同風味的咖啡香醇，有舒服的環境跟階梯室看台可欣賞海景。還有免費使用的 WiFi 跟插座。

店家資訊

無尾熊咖啡館
KOALA COFFEE
地址：제주시 애월읍 애월
해안로 274 2F
濟州市涯月邑涯月海岸路
274 2F
電話：064-749-9004
營業時間：10:00-21:00
（冬天只營業到 19:00）

伴手禮推薦　濟州海洋蠟燭 Jeju Candle

在無尾熊咖啡店一樓有販售濟州海洋蠟燭，結合文青浪漫
與質感的蠟燭，將濟州海洋的美裝進去瓶子裡，夢幻的顏
色、清透的質感，在 IG 上是非常熱門的打卡伴手禮。

2 濟州島西北部的月令里

這個地方是主演《孤單又燦爛的神鬼怪》孔劉歐巴，到濟州島拍了一系列很有生活感的畫報的秘密基地。

美食推薦 ❶ ▸ **咖哩螃蟹飯 문쏘**

每日限量只有 60 份的螃蟹咖哩飯，半熟蛋配上日韓風味結合的咖哩飯，微辛辣開胃好吃。

店家資訊

문쏘 카레 Moonsso
地址：제주특별자치도 제주시 한림읍 한림로 380 濟州市翰林邑翰林路 380
電話：010-3318-0579
營業時間：11:00-19:00
（售完提前打烊）
公休日：每周五
交通方式：搭乘公車濟州市外巴士路線：202-1，協才里挾才里下車後步行 3 分鐘即可抵達。

景點推薦 ❶ ▸ **廢墟無煙煤咖啡館 Anthracite Coffee**

Anthracite 的意思是「用來發電的無煙煤」，而其咖啡館以復古懷舊風格，結合自然的廢棄工業風來呈現。

店家資訊

Anthracite Coffee Roasters Jeju 濟州翰林店 앤트러사이트 제주 한림점
地址：제주특별자치도 제주시 한림읍 한림로 564 濟州市翰林邑 564
電話：064-796-7991
營業時間：10:00-19:00
交通方式：搭乘一般幹線巴士 202 / 290-1 / 290-2 在한림여자 중학교翰林女子中學站下車後步行約 8~10 分鐘（詳見書 P158）。

景點推薦 ② **月令里仙人掌群落**

濟州島月令里仙人掌群落，被指定為第 429 天然紀念物，坐落於濟州島翰林邑月令里海邊的村莊。

店家資訊

月令里仙人掌群落（월령리 선인장 군락）
地址：제주시 한림읍 월령리偶來 14 號路線
（詳見書 P310-325）

3 牛島、水上濟州星球

牛島是濟州島周邊最受歡迎的小島之一，你可以騎腳踏車悠閒漫遊或是包車，費用不貴也很方便。

美食推薦 ① **牛島龍蝦海鮮 COCOMAMA**

來到牛島就不能錯過滿滿的 seafood，整隻龍蝦配上滿滿海鮮盤，海味十足，還有必吃的美味菠蘿炒飯。

店家資訊

CoCoMAMA 코코마마 龍蝦海鮮
地址：제주특별자치도 제주시 우도면 우도해안길 816
濟州市牛島面牛島海岸路 816 號
電話：064-784-8117
營業時間：09:00-18:00
交通方式：搭乘牛島觀光環島巴士，到下高水洞海水浴場後步行約 3 ～ 5 分鐘。

濟州橘子汁 濟州爺爺

使用濟州島的名產橘子，甜中帶點微酸真的非常順
口。你們喝了一定也會跟我一樣愛上。

店家資訊

**굴하르방 우도점 濟州爺爺
牛島店**

地址：제주특별자치도 제주시
우도면 우도해안길802
（濟州橘子爺爺牛島店 濟
州牛島沿海路 802 就在下高
水洞海水浴場旁）
電話：010-6832-1275
營業時間：07:00-19:00

牛島花生冰淇淋 牛島王子的故事

用牛島盛產的花生磨成顆粒，配上沁涼冰淇淋，清
甜好吃。

店家資訊

**牛島王子的故事 우도왕자이
야기**

分店 **1** 地址：제주특별자치
도 제주시 우도면 우도해안길
252 우도면 연평리 2516-2
濟州牛島沿海路 252（靠近
珊瑚海水浴場）
電話：010-4049-3303
分店 **2** 地址：제주특별자치
도 제주시 우도면 우도해안길
1122 우도면 연평리 317-
12 濟州牛島延坪里海濱路
317-12（靠近 牛島峰）

濟州水上星球 Aqua Plant

下午回到濟州島，有時間可以到「涉地可支」美麗的水上星球 Aqua Palnet 水族館，知名韓綜 Running Man 也曾來此瘋狂撕名牌。

店家資訊

아쿠아플라넷 濟州水上星球 Aqua Planet JEJU
門票：32600W / 人
地址：제주특별자치도 서귀포시 성산읍 고성리 127-1
濟州道西歸浦市城山邑高山里 127- 1
開放時間：
10:00-19:00

4 濟州神話世界樂園

將主題遊樂園結合旅遊跟韓流有 GD 權志龍代言加持，以韓國非常受歡迎的 Larva 逗逗蟲為主軸。園區內的遊樂設施好玩刺激多樣，連大人也會覺得驚奇好玩。

景點推薦 ## GD Cafe -Untitled, 2017

「Untitled, 2017」是座落在濟州神話世界裡的咖啡廳，由韓國明星權志龍 G-Dragon 親自參與設計，不僅嚴選店裡的咖啡豆和可可豆，甜點和餐飲也親自決定。

圖片來自於神話世界官方網站。

店家資訊

濟州神話世界 신화테마파크
JEJU SHINHWA WORLD
地址：제주특별자치도 서귀포시 안덕면 신화역사로 304 번길 98 濟州道西歸浦市安德面神話歷史路 304 街 98 號
電話：064-908-8800
營業時間：10:00-18:00
交通方式：從濟州巴士客運總站搭乘幹線巴士 250-3 車程約 1 小時 5 分鐘，在신화역사공원神話歷史公園站下車步行約 6 分鐘
機場交通車：於濟州國際機場 3 號出口 C10 停車場搭乘。

美食推薦 ## 有利家 유리네

必點的白帶魚鍋，韓食特有的香辣，超級好吃。

晚餐回到市區去吃一間傳統韓國料理店，很多韓綜都有介紹，餐點好吃而且店員都很親切。

店家資訊

有利家유리네
地址：제주시 연동 427-1 濟州市蓮洞 427-1
電話：064-748-0890
營業時間：09:00 ～ 21:00
交通方式：建議搭計程車

346

5 IG 拍照聖地、中文觀光區

早上坐車前往山房山一代的「粉紅亂子草咖啡館 Manon Blanc」，夢幻的粉黛亂子草生長期是 9 月到 12 月，這段期間都可以來朝聖。下午就去中文觀光區吧，在中文觀光區裡有很多好吃好玩的。

景點推薦 ❶ 粉紅亂子草 咖啡館 Manon Blanc

店家資訊

Manon Blanc 마노르블랑

新式地址：제주특별자치도 서귀포시 안덕면 덕수리 2952
濟州道西歸浦市安德面德修裡 2952
電話：064-794-0999
營業時間：10:00-21:00
交通方式：搭乘 濟州一般幹線巴士 250-2 號，在 탄산온천 碳酸溫泉站 下車後步行約 15 分鐘。

濟州島熱門美景——粉紅亂子草，IG 網美熱門打卡點，在美麗夢幻粉紅色的粉黛亂子草裡拍照，畫面超美超殺底片。

西歸浦中文觀光區 Cheonjiyeon Falls

天帝淵瀑布천제연폭포同樣位在西歸浦中文觀光區內的風景區，同時有著瀑布、溪流跟藥水池自然生態景觀，是濟州島三大瀑布之一，與天地淵瀑布、正房瀑布齊名。

店家資訊

天帝淵瀑布천제연폭포
地址：제주특별자치도 서귀포시 색달로 189 번길 27 （색달동）
濟州道西歸浦市穡達路 189 號巷 27（穡達洞）
電話：064-760-8331
開放時間：
夏季 08:00~18:30、
冬季 08:30~17:30
門票票價：大人 2500 韓元、小朋友 1350 韓元
交通方式：可從濟州國際機場搭乘觀光巴士 600 號（車程約 1 小時）。

雪綠茶博物館 설록차 뮤지엄 오설록

O'SULLOC 오설록雪綠茶博物館，是美妝 innisfree 廣告拍攝地，除了李敏鎬跟潤娥來過之外，韓綜 Running Man 也曾來此出過任務喔！

店家資訊

**O' SULLOC MUSEUM
雪綠茶博物館
설록차 뮤지엄 오설록
（Innisfree 綠茶園）**
地址：제주 서귀포시 안덕면 서광서리 1235-3
濟州道西歸浦市安德面西廣裡 1235-3
營業時間：夏季 4 月~9 月 10:00~18:00 、 冬季 10 月~3 月 10:00~17:00

濟州黑豬肉 Donsadon 돈사돈

這間是標榜使用濟州島黑毛豬的烤肉店,也是 GD 權志龍認證的人氣美食。在濟州島上有兩間分店,一間是濟州市區的總店,也就是 GD 去過的。另一間就是靠近中文觀光區的分店,大家可以視時間狀況來評估要去哪間。

店家資訊

Donsadon 돈사돈豚似豚
地址:제주특별자치도제주
시노형동 3086-3
濟州市老衡洞 3086-3
電話:064-747-7876
營業時間:14:00-22:30

6 壁畫村、月汀里

濟州樂高咖啡廳 BRICKS JEJU 브릭스 제주

老闆娘喜歡蒐集玩具,也喜歡咖啡館,將她的興趣喜好跟工作結合,開了這間樂高咖啡館,希望能將對玩具的喜愛傳遞給客人,感受玩具帶給人們的歡樂。

店家資訊

濟州樂高咖啡廳 BRICKS JEJU 브릭스 제주
地址:제주시 구좌읍 김녕로 2 길 6 (장전동 417-12 번지)
濟州市舊左邑金寧路 2 街 6
電話:010-3098-0219
營業時間:11:00-19:00 (13 歲以下孩童禁止入內)
交通方式:搭乘濟州幹線巴士 201-1、201-2、201-3 號 於南屹洞站남흘동下車,下車後往回走左彎進村子,步行約 3 分鐘。

金寧金屬壁畫村

有別於韓國其他壁畫村的「金屬工藝」壁畫村，都是用廢金屬做出的「立體」創作，請靜靜享受美麗的大海、樸實濱海村莊及隱藏其中的亮點。

月汀里海水浴場

到濟州島就是要看海！擁抱大海藍天，濟州島上最熱門的海水浴場：月汀里。湛藍的藍天、象牙白色沙灘，美的就像一幅畫。

美食推薦 泰山肋骨烤肉（太仙排骨）태선갈비

濟州島民推薦的泰山肋骨烤肉（太仙排骨태
선갈비）是在地韓國人愛吃的調味烤豬肉，
用自家調製的醬汁醃漬成調味豬肉，甜鹹軟
嫩好吃。

店家資訊

**泰山肋骨烤肉（太仙排骨）
태선갈비**
地址：제주특별자치도 제주시 중
앙로 23 길 2
濟州市中央路 23 街 2
電話：064-721-2422
營業時間：11:00-23:00
公休日：每週二
交通方式：315/415/3001/312/
315/332/351/352/365/370/38
0/411/422
시민회관시정청역步行約 2 分鐘。

購物行程 中央地下街、七星路商店街、東門市場

濟州島自由行程內如果想排購物，一定要去
濟州中央地下街，位在舊濟州市區，周邊鄰
近七星路商店街跟東門市場，應有盡有，價
格便宜實惠。

店家資訊

濟州中央地下街 제주중앙지하상가
地址：제주특별자치도제주시 중앙
로 60 濟州市 中央路地下 60
電話：064-755-0225
營業時間：10:00-22:00
公休日：春節、中秋節當天
交通方式：從濟州巴士客運總站제주
시외버스터미出發，搭乘公車濟州
幹線 315、330-2、3001，在제주
중앙지하상가 濟州地下商街站下車
後步行約 2 分鐘。

Earth Protection
Environmental Awareness

Suitcases Carry Global Memories

保護地球　關注生態

小小旅行箱珍藏全世界的回憶

「森林保護」系列
"Forest Protection" series

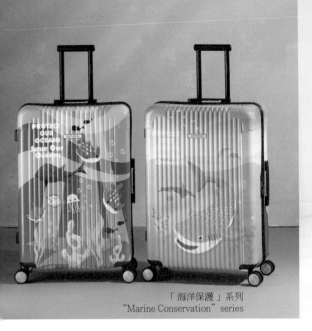

「海洋保護」系列
"Marine Conservation" series

「地球暖化系列」系列
"Global Warming" series

　　2015年1月1日，CENTURION 正式在台灣與美國同步上市，有「主題式旅行箱之父」美譽的 CENTURION 創辦人陳志彬先生，以親自手繪之「格柵式線條」作為新世代旅行箱之藝術舞台，開啟旅行箱界百年沿革未有之新時代。

　　目前地球上，只有 CENTURION 以旅行箱品牌之姿，發行過：「瀕危動物系列、地球暖化系列、海洋保護系列、森林保護系列、世界遺產系列、童話故事系列、民族圖騰系列、世界兒童系列、世界奇景系列……」數十個系列的主題式旅行箱。

　　CENTURION 如同旅行箱界之郵政總局，秉持「人文、歷史、自然、關懷」之品牌精神；自內部美學設計創作，至外部廣徵佳作投稿，皆期盼匯聚所有符合以「愛與和平」為中心思想之作品，登上猶如集總藝文長廊之大成的 CENTURION。

　　CENTURION 是旅行箱界專以發行「聯名款、紀念款、限量版」聞名的始祖；CENTURION 粉絲年齡層介於15歲至45歲之間；截至2017年12月，CENTURION 魅力已觸及台灣、中國、日本、歐盟、美國、紐澳與其他數十個世界主要國家與地區。

　　值得一提的是 CENTURION 亦為全球第一個，不以營利為營運初衷的旅行箱品牌；創辦人陳志彬先生，於2005年許下心願：「若有朝一日不再為錢做事，必創辦一個以宣傳地球保護為核心價值的旅行箱品牌。」十年奮鬥後，CENTURION 誕生於2015年。

　　晉升 CENTURION 箱主，是趨勢，也是潮流，引領時代的人們，理所當然手握引領時代的 CENTURION；歡迎任何人，在任何時候，以任何形式，從任何渠道，加入收藏 CENTURION 行列，CENTURION 創作團隊，則以確保粉絲們「永遠有最新選擇」為己任。

　　創辦人陳志彬先生在 CENTURION 的2015年全球經銷商代表大會致詞時，就曾明確指出：「消費市場上，不差多增加一個旅行箱品牌；再多一個，或是再多更多個旅行箱品牌，其實都沒有意義；市場上需要的是一個不同於以往，具有劃時代概念意義的旅行箱品牌，就像 CENTURION 這樣。」

　　從「用旅行箱裝行李」進化到「用藝術品裝行李」是 CENTURION 開闢的華麗之路。現在與未來～「有人的地方，就有旅行者；有旅行者的地方，就有 CENTURION。」無所不在的 CENTURION 祝您旅途愉快～

CENTURION 歡迎 航空公司 / 星級酒店 / 知名品牌 / 知名企業 / 影視娛樂 / 運動賽事 / 各大媒體 / 各類雜誌 / 旅遊相關產業 / 歌手 / 演員 / 運動員 / 書法家 / 藝術家 / 音樂家 / 舞台劇 / 音樂劇 / 創作型作家 / 貼圖作家
申請合作：centurion1978us@gmail.com

濟州・私旅

四季彩色風景X海岸山岳壯麗X特色主題咖啡店，體驗最當地的玩法

作者：金兌妍

出版發行

橙實文化有限公司 CHENG SHIH Publishing Co., Ltd

粉絲團 https://www.facebook.com/OrangeStylish/

MAIL: orangestylish@gmail.com

作 者	金兌妍	
翻 譯	胡椒筒	
總 編 輯	于筱芬	CAROL YU, Editor-in-Chief
副總編輯	吳瓊寧	JOY WU, Deputy Editor-in-Chief
行銷主任	陳佳惠	IRIS CHEN, Marketing Manager
美術編輯	亞樂設計有限公司	
製版／印刷／裝訂	皇甫彩藝印刷股份有限公司	
贊助廠商		

CENTURION®
百夫長®旅行箱

編輯中心

ADD ／桃園市大園區領航北路四段 382-5 號 2 樓

2F., No.382-5, Sec. 4, Linghang N. Rd., Dayuan Dist., Taoyuan City 337, Taiwan (R.O.C.)

TEL ／（886）3-381-1618 FAX ／（886）3-381-1620

Mail：Orangestylish@gmail.com

粉絲團 https://www.facebook.com/OrangeStylish/

全球總經銷

聯合發行股份有限公司

ADD ／新北市新店區寶橋路 235 巷弄 6 弄 6 號 2 樓

TEL ／（886）2-2917-8022　　FAX ／（886）2-2915-8614

出版日期 2018 年 5 月

請貼郵票

橙實文化有限公司
CHENG -SHI Publishing Co., Ltd

33743 桃園市大園區領航北路四段 382-5 號 2 樓
讀者服務專線：（03）3811618

濟州。私旅
제주 여행

四季彩色風景×海岸山岳壯麗×特色主題咖啡店，
體驗最當地的玩法。
「一生一次的怦然私旅 心動濟州」增訂版

增訂最新 // 濟州自由行6大主題玩法

/// 金兌妍——著 胡椒筒——譯

Orange Travel 系列 讀者回函

書系：　**Orange Travel 08**

書名：　**濟州 ‧ 私旅：**
四季彩色風景 X 海岸山岳壯麗 X 特色主題咖啡店，體驗最當地的玩法。

讀者資料（讀者資料僅供出版社建檔及寄送書訊使用）

- 姓名：_____
- 性別：□男　　□女
- 出生：民國 _____ 年 _____ 月 _____ 日
- 學歷：□大學以上　□大學　□專科　□高中（職）　□國中　□國小
- 電話：_____
- 地址：_____
- E-mail：_____
- 您購買本書的方式：□博客來　□金石堂（含金石堂網路書店）□誠品
  □其他 _____（請填寫書店名稱）
- 您對本書有哪些建議？ _____
- 您希望看到哪些部落客或名人出書？ _____
- 您希望看到哪些題材的書籍？ _____
- 為保障個資法，您的電子信箱是否願意收到橙實文化出版資訊及抽獎資訊？
  □願意　　□不願意

買書抽好禮

❶ 活動日期：即日起至2018年6月25日
❷ 中獎公布：2018年6月30日於橙實文化FB粉絲團公告中獎名單，請中獎人主動私訊收件資料，若資料有誤則視同放棄。
❸ 抽獎資格：購買本書並填妥讀者回函，郵寄到公司；或拍照MAIL到信箱。並於FB粉絲團按讚及參加粉絲團新書相關活動。
❹ 注意事項：中獎者必須自付運費，詳細抽獎注意事項公布於橙實文化FB粉絲團，橙實文化保留更動此次活動內容的權限。

橙實文化 FB 粉絲團：https://www.facebook.com/OrangeStylish/

CENTURION
百夫長26吋
美國色系行李箱
限量4個

CENTURION
JOLIE KIT
裘莉包
限量3個

（贈品款式顏色隨機出貨）